Flav.

La mutation des Monuments Historiques

Flavien Roberge de Boismorel

La mutation des Monuments Historiques

Éditions universitaires européennes

Imprint

Any brand names and product names mentioned in this book are subject to trademark, brand or patent protection and are trademarks or registered trademarks of their respective holders. The use of brand names, product names, common names, trade names, product descriptions etc. even without a particular marking in this work is in no way to be construed to mean that such names may be regarded as unrestricted in respect of trademark and brand protection legislation and could thus be used by anyone.

Cover image: www.ingimage.com

Publisher:
Éditions universitaires européennes
is a trademark of
Dodo Books Indian Ocean Ltd., member of the OmniScriptum S.R.L Publishing group
str. A.Russo 15, of. 61, Chisinau-2068, Republic of Moldova Europe
Printed at: see last page
ISBN: 978-3-8417-4435-7

Flavien Roberge de Boismorel

La mutation des Monuments Historiques

Sommaire

Glossaire:

- Monument Historique: monument qui par son intérêt architectural, historique, scientifique ou artistique va se voir protégé par arrêté, arrêté lui conférant un statut juridique . Il existe deux sortes de protection, le classement ou l'inscription.

- Mutation: transfert d'un bien d'une personne à une autre, peut avoir lieu à titre gratuit comme à titre onéreux.

- DRAC: Direction des Régionale des Affaires Culturelles

- Régime de faveur (fiscalité): régime fiscal dérogeant au régime général accordant des avantages aux bénéficiaires. Dans le cadre des monuments historiques on parle de régime de faveur car la protection appliquée aux monuments classés va permettre aux propriétaires d'appliquer des modes de calculs de l'impôt différents.

- France Domaine: service administratif dépendant du ministère du Budget ayant pour mission d'évaluer, d'acheter, et de vendre les biens immobiliers appartenant à l'Etat. C'est ce service qui est également curateur légal en charge de la gestion des successions vacantes.

- Succession vacante: la succession est déclarée vacante lorsque personne ne revendique la succession, qu'il n'y a pas d'héritier connu ou qu'ils ont tous renoncé à la succession. Dans ce cas, et à l'issue d'une procédure précise, les biens du défunt reviennent à l'Etat.

- Obligation d'information: lors de la mutation d'un monument historique, les vendeurs se doivent, en plus de l'obligation d'information classique prévue par le code civil, d'informer les acquéreurs des conséquences que le classement du bien à sur ce dernier.

- Cession à titre onéreux: il s'agit d'une transmission de propriété moyennant le payement d'un prix en contrepartie.

- Cession à titre gratuit: à l'inverse delà cession à titre onéreux, à titre gratuit cela implique que le transfert de propriété se fera sans contrepartie financière.

Introduction

"Il y a des œuvres qui font passer le temps, et d'autres qui expliquent le temps".

Sans savoir véritablement si André Malraux avait écrit cette phrase pour parler des monuments historiques, on ne peut qu'en faire le rapprochement avec ce sujet. En effet, les monuments historiques ont
cette vocation de témoins d'un temps, d'une époque, et d'un savoir faire. C'est d'ailleurs pour cela
qu'ils font l'objet d'une protection.

La mutation des monuments historiques, mutation dans le sens de transaction, est un sujet qui reste
assez feutré, dont il est assez rarement question, c'est pourquoi il paraissait intéressant de se pencher
dessus. A chercher les raisons de la discrétion dont ce sujet fait l'objet on ne tarde pas à en trouver des
réponses, qui seront développées au cours de cette étude.

Si certains monuments historiques sont connus de tous, comme le château de Chambord, le Palais des
Papes, ou encore le château de Chenonceau, il n'en reste pas moins qu'ils ne sont que la partie immer-
gée de l'iceberg. La réalité est bien plus vaste, la majorité du patrimoine classé en France concerne
des monuments soit plus modestes, soit moins célèbres. Aujourd'hui la France compte 43.180 monuments historiques (chiffres de 2008), dont 14.367 classés et 28.813 inscrits. Le très riche patrimoine
de notre pays et son attachement à la pierre, comme à l'art, permet d'une certaine façon d'expliquer ce
grand nombre de biens protégés.

Le terme "monument historique" est un terme générique pour désigner un monument qui a reçu par
arrêté un statut juridique en raison de son intérêt architectural, scientifique, artistique ou historique,
dans le but de le protéger. Ainsi sont susceptibles d'être protégés les immeubles ou parties d'immeubles, objets, vestiges archéologiques et terrains renfermant de tels vestiges dont la conservation présente
un intérêt public au point de vue de l'histoire de l'art, ou scientifique, ou encore technique. La protection peut donc être large puisqu'elle est susceptible de s'appliquer aussi bien à du patrimoine immobi-

lier que mobilier. Cependant, l'étude que nous allons conduire ne concernera que les monuments historiques immobiliers.

Mais le terme "monument historique" n'est pas un label tel que "Relais et Châteaux" par exemple, comme certains pourraient le croire, mais un dispositif législatif d'utilité publique, créant ainsi des droits et des obligations à ce sur l'immeuble auquel il porte. La protection qui sera appliquée au monument est une servitude d'utilité publique.

Afin de cerner le sujet de façon plus précise, il convient ici d'expliquer le déroulement d'une procédure de classement ou d'inscription au titre des monuments historiques.

C'est en vertu de la loi du 31 décembre 1913 que les procédures de protection sur les monuments historiques sont appliquées.

Pour être classé, ou inscrit une demande doit être faite par le propriétaire du bien, son affectataire ou un tiers intéressé, comme une collectivité locale ou une association. Mais le préfet du département dans lequel se situe le bien peut aussi se charger de faire la demande de protection, ou le préfet de région. Cette demande doit être adressée à la Direction Régionale des Affaires Culturelles (DRAC), dont il sera développé l'importance plus tard, de la région où est implanté le bien. Le dossier de protection est élaboré par la conservation régionale des monuments historiques ou par le service régional de l'archéologie, selon les cas, puis soumis à l'examen de commissions.

Il s'agit tout d'abord de la commission régionale du patrimoine et des sites (CRPS). Celle-ci va émettre un avis sur l'intérêt du bien et sur la nature de la protection qu'il sera possible du lui attribuer. Après l'avis de la CRPS le préfet de région va statuer sur les propositions d'inscription à l'inventaire supplémentaire des monuments historiques et peut prendre les arrêtes d'inscription pour les immeubles retenus. Cependant si la CRPS a estimé que le monument doit être classé, le conservateur régional des monuments historiques transmettra le dossier au bureau de la protection des monuments historiques au ministère de la culture afin qu'il soit examiné en commission supérieure des monuments historiques. Cette commission peut estimer qu'une inscription est suffisante ou peut proposer le classement. Ce n'est qu'après l'avis de cette proposition que le ministre de la culture pourra statuer sur les propositions de classement par arrêté ministériel, avec accord des propriétaires du bien sur le classement de leur immeuble. Il s'agit de la différence avec l'inscription, ou ici l'accord des propriétaires n'est pas requis.

Il se peut, rarement, pour des raisons diverses et variées, que le propriétaire refuse le classement de son immeuble. Dans ce cas le ministre de la culture peut engager une procédure de classement d'office qui est prononcée par décret du premier ministre après avis du conseil d'Etat.

Si les monuments historiques bénéficient d'un traitement différent des autres biens dans notre paysage juridique de par leur nature exceptionnelle, ils n'en restent pas moins des biens immobiliers et de ce fait ils ont une existence en tant que tel et évoluent. Leur classement ne les fige pas et ne les sort pas du commerce, c'est en cela qu'il sera possible de parler de mutation.

Notre étude s'attachera donc à s'interroger sur la façon dont sont abordés ces biens particuliers en France, d'une façon assez large, et plus précisément il s'agira de s'interroger sur la façon dont leur mutation est encadrée.

Trois axes majeurs permettront de mener à bien ce projet (d'essayer au moins).

Tout d'abord, il conviendra de s'attarder quelque peu en chapitre préliminaire à l'appréhension générale des monuments historiques. Puis il conviendra d'étudier les mutations du patrimoine historique de l'Etat (Titre premier) avant de s'intéresser aux mutations des monuments historiques privés (Titre second).

Titre Préliminaire. L'appréhension des Monuments Historiques

La protection du patrimoine historique français tel que nous le connaissons aujourd'hui est le fruit d'une longue élaboration et d'un travail de réflexion complexe. La prise de conscience de la richesse des immeubles que notre pays possède et son attrait historique, aussi bien qu'architectural ou artistique a permis de mettre en œuvre au fil des années des processus permettant de les sauvegarder. Le terme de monuments historique est apparu assez tôt, et cela a conduit à l'élaboration d'un cadre administratif protégeant les monuments historiques (Chapitre 1). La continuité de cette recherche a permis la lente élaboration de lois spécifiques et relatives au patrimoine historique, des lois qui sont par essence fiscales mais dont la finalité est d'assurer la protection des monuments historiques (Chapitre 2). Enfin, il ne serait pas possible d'évincer l'importance que les DRAC ont au sein des monuments historiques (Chapitre 3).

Chapitre 1. Genèse de l'élaboration d'un cadre administratif protégeant les monuments historiques.

Dès 1790 le terme "monument historique" apparaît de façon officielle et dans le sens que l'on lui connaît de nos jours. On doit cela à Aubin-Louis Millet, qui avait déjà pris conscience de l'importance que pouvaient avoir nos bâtiments pour la compréhension de l'histoire et de ses événements, mais aussi pour comprendre la technique et l'architecture. C'est alors qu'il avait expressément cité les termes de "monuments historiques" à l'assemblée constituante, pour évoquer la démolition de la Bastille. Notre patrimoine ne devait pas être qu'un ensemble de biens divers, mais l'idée était de garder une trace de l'Ancien Régime fraîchement tombé, de se servir de ce patrimoine comme témoin du passé. L'idée sous-jacente était aussi, pour des questions pratiques, qu'il n'était pas possible de faire complètement table rase du passé et qu'il était de bon ton de conserver et protéger le patrimoine existant. L'Etat va donc peu à peu essayer de mettre en place un cadre administratif afin de protéger le patrimoine.

Pour contrer la période du vandalisme , qui apparaît dès 1793, un travail de sauvegarde va commencer. Cette tâche commence par un inventaire. Tout travail de protection ne peut se faire qu'après un inventaire. Louis XVI avait d'ailleurs débuté un inventaire des châteaux de France, mais n'eut pas le temps de terminer son œuvre. Le Conseil des Bâtiments Civils sera créé en 1795 pour compléter ce dernier.

Fraîchement nommé ministre de l'intérieur François Guizot crée en 1830 le poste d'inspecteur général des monuments historiques. Ce poste est large, s'astreignant à la sauvegarde du patrimoine, tout en s'occupant des musées, des archives, des écoles d'enseignement artistiques, et des bibliothèques. Politicien redoutable, Guizot avait une véritable sensibilité intellectuelle, et fut un des premiers à donner une place aux monuments historiques dans l'action politique, mais aussi à créer pour eux le début d'une institution. Le 21 octobre 1830 Ludovic Vitet est nommé premier inspecteur général des monuments historiques, pour lui sa mission est de "Constater l'existence et faire la description critique de tous les édifices du royaume qui, soit par leur date, soit par le caractère de leur architecture, soit par les évènements dont ils furent les témoins, méritent l'attention de l'archéologue, de l'historien, tel est le premier but des fonctions qui me sont confiées ; en second lieu, je dois veiller à la conservation de ces édifices en indiquant au Gouvernement et aux autorités locales les moyens soit de prévenir, soit d'arrêter leur dégradation".

A l'origine l'inspection générale des monuments historiques n'avait pas de budget propre. Les subventions qui étaient attribuées étaient imputées sur les budgets des établissements sanitaires et thermaux. A partir de 1836 un chapitre spécial au sein du ministère de l'intérieur va être créer afin de doter l'inspection générale d'un budget, ce chapitre sera consacré à "la conservation d'anciens monuments historiques et les travaux d'intérêt général dans les départements". Grâce à cela les subventions étaient attribuées après l'avis de l'inspecteur générale et après les demandes des préfets ou des députés.

Ludovic Vitet va publier des rapports dès 1831 à l'issue des tournées qu'il a effectué, notamment dans le Nord de la France, rapports dans lesquels l'importance de sa tâche est mentionnée, et dans lesquels on peut prendre conscience de l'ampleur du patrimoine nécessitant une protection.
Mais suite à sa nomination au secrétariat général du commerce il démissionne de l'inspection générale des monuments historiques. Son poste revient le 27 Mai 1834 à Prosper Mérimée, qui va marquer

son empreinte pour de nombreuses raisons. Vitet malgré son nouveau poste va épauler Mérimée dans sa tâche, leur correspondance sera abondante, le nouvel inspecteur lui fait des notes et lui demande son avis régulièrement. Mais il va surtout profiter de ce poste pour faire des voyages dans toute la France, s'informer et constater à la source. Dans une lettre en date du 12 Mai 1834, Mérimée écrit que cette fonction "convient fort à mes goûts, à ma paresse et à mes idées de voyages". Il s'enthousiasme aussi de découvrir une France encore "plus inconnue que la Grèce ou l'Egypte". De ses nombreux voyages il va se rendre compte que les mauvaises réparations sont presque aussi nocives que les destructions, et va proposer aux ministres de contrôler de façon nationale les restaurations des monuments. C'est grâce à Mérimée entre autre que Viollet-le-Duc a pu être en charge de grands travaux de restauration sur des bâtiments en péril, comme la basilique de Vezelay en 1840 ou la cathédrale Notre-Dame de Paris en 1843, ou encore la ville de Carcassonne dès 1853. Mais on peut aussi retenir que la création des Architectes des Bâtiments de France a été amorcé par Mérimée qui avait compris que l'Etat se devait d'avoir un regard et un poids dans la conservation de notre patrimoine. La qualité de son travail d'inventaire et l'implication avec laquelle il s'est astreint toute sa vie pour la sauvegarde du patrimoine ont sans doute été l'un des facteurs qui ont permis d'appeler la base de recensement des monuments historique et du patrimoine remarquable la "Base-Mérimée", créée en 1978.

Pour aller plus loin la Commission Nationale des Monuments Historiques est créée en 1837, Mérimée en devient secrétaire la même année puis vice-président en 1839. Cet organe malgré des évolutions est pérenne puisqu'il a survécu jusqu'à nos jours.

Placé sous l'autorité du ministère de la culture, est présidé par le ministre de la culture lui-même, ou en son absence par le directeur général des patrimoine, sa version moderne a été créée par le décret 2007-612 du 25 avril 2007 et codifié aux articles R611-1 à R611-16. En vertu de ces articles la commission est chargée d'émettre des avis sur:

"1) Sur les propositions de classement au titre des monuments historiques des immeubles ainsi que des objets et immeubles par destination ;

2) Sur les propositions d'inscription au titre des monuments historiques des orgues, buffets d'orgues et des instruments de musique ;

3) Sur les propositions de modification des périmètres de protection des immeubles classés ou inscrits lorsque la commune ou les communes intéressées n'ont pas donné leur accord ;

4) Sur les projets de travaux d'entretien ou de réparation faute desquels la conservation d'un immeuble classé est gravement compromise ;

5) Sur les programmes, avant-projets ou projets de travaux portant sur des monuments historiques classés ou inscrits ou relatifs à la création d'œuvres d'art plastique dans les monuments historiques classés ou inscrits qui lui sont soumis.

Elle est également chargée d'étudier, avec le concours des services compétents, et de proposer toutes mesures propres à assurer la protection, la conservation et la mise en valeur des monuments historiques et de leurs abords." (Article R611-1.)

Cette commission est divisée en six sections. La première pour le classement des immeubles, la seconde pour les travaux sur les immeubles inscrits ou classés, la troisième pour les périmètres de protection des immeubles classés ou inscrits et sur les immeubles étant le périmètre, ensuite la quatrième section est attachée au classement des objets mobiliers et aux travaux sur ces objets, la cinquième section est relative au classement des orgues, buffets d'orgues et instruments de musiques s'y rapportant et enfin la dernière section porte sur le classement des grottes ornées et les travaux sur ces grottes classées.

Les membres de la commission nationale des monuments historiques sont nommés pour une durée de quatre ans.

Chapitre 2. La fiscalité des Monuments Historiques, un facteur important dans leur mutation

L'ensemble des dispositions fiscales qui sont applicables aux monuments historiques pourrait nous amener exclusivement à considérer ces derniers comme des instruments de défiscalisation. Si ces considérations sont vraies pour certains acquéreurs, ce que nous verrons dans le titre second, il n'en reste pas moins que la réalité n'est pas aussi simpliste.

Il conviendra d'étudier successivement les impôts directs (section 1), la taxe sur la valeur ajoutée (section 2) et l'impôt de solidarité sur la fortune (section 3).

Section 1. Les impôts directs frappant les monuments historiques

Le propriétaire d'un monument historique se verra exonéré de taxe professionnelle (A) et va bénéficier d'un régime avantageux en matière d'impôt sur le revenu (B). Enfin, la questions des impôts locaux se posera (C).

A. L'exonération de la taxe professionnelle.

Le propriétaire d'un monument historique étant réputé par l'administration fiscale gérer son bien dans un but d'entretien il se voit ainsi exonéré de la taxe professionnelle. Cependant pour pouvoir prétendre à ce régime de faveur deux conditions sont à respecter. Tout d'abord, l'aménagement du monument classé ne doit pas avoir été effectué dans une démarche commerciale, et doit rester dans le cadre d'une simple mise en valeur. Ensuite, les recettes effectuées doivent exclusivement provenir des droits d'entrées et de la vente de cartes postales ou autres menus objets évoquant le monument.

L'exploitation en plus de la visite du monument, d'un parc zoologique et d'une buvette avec vente de souvenirs sont exclus du cadre de cette exonération.

B. Déduction des charges foncières de l'impôt sur le revenu

Sous certaines conditions les propriétaires de monuments historiques peuvent déduire les charges foncières qu'ils supportent. Cela s'applique aux immeubles classés monuments historiques ou inscrits à l'inventaire supplémentaire, ainsi qu'aux immeubles faisant partie du patrimoine national grâce à leur caractère historique ou artistique particulier et qui ont fait l'objet d'un agrément préalable spécial accordé par le directeur des services fiscaux du département, ou en raison du label délivré par la fondation du patrimoine sur avis favorable du service départemental de l'architecture et du patrimoine.

Les déductions fiscales sont soumises à une obligation faite au propriétaire du monument historique d'ouvrir son bien au public. Conformément aux articles 17 ter et 17 quater de l'annexe IV du code général des impôts la visite au public doit être autorisée pendant au moins six heures effectives soit cinquante jours par an dont vingt-cinq jours non ouvrables au cours des mois d'avril à septembre inclus, soit quarante jours pendant les mois de juillet, août, et septembre.

Cette durée minimale requise peut se voir réduire, lorsque le propriétaire du bien a conclu une convention avec des établissements publics ou privés sous contrat d'association avec l'Etat ou des structures sociales, du nombre de jours au cours desquels le bien a fait l'objet entre le premier septembre de l'année précédente et le 31 août suivant de visites issues de ces conventions sous réserve que ces visites comprennent au moins vingt-cinq participants et dans la limite de dix jours par an.

Il est fait obligation au propriétaire du monument historique de déposer auprès du délégué régional du tourisme avant le premier février de chaque année une déclaration précisant les conditions d'ouverture de son bien, et si conventions il y a de les joindre à la déclaration.

L'article 41J de l'annexe III du code général des impôts précise qu'il convient d'ajouter à la déclaration annuelle des revenus une note portant le détail des sommes dont la déduction est demandée, ainsi que la date du décret, de l'arrêté, ou de la décision de classement ou d'inscription. L'article demande de plus en cas d'ouverture au public le récépissé de dépôt de la déclaration annuelle au délégué régional du tourisme et enfin une attestation de l'administration des affaires culturelles certifiant que les travaux exécutés ont effectivement le caractère de travaux d'entretien et de réparation. La même attestation devant indiquer le montant du devis correspondant établi par l'architecte en chef des monuments historiques, et le cas échéant le taux de la subvention accordée par l'Etat.

Le non respect de ces formalités n'entraînera pas une privation du régime de faveur pour le propriétaire dès lors qu'il apportera la preuve que son bien a été ouvert au public durant les années concer-
nées.

L'ouverture au public va directement influer sur le montant des déductions fiscales dont aura droit le
propriétaire du monument.

La loi de finances pour 2009 a ajouté trois nouvelles conditions pour pouvoir bénéficier du régime de
faveur.

Tut d'abord cette loi oblige le propriétaire a prendre l'engagement de conserver le bien durant une période d'au moins quinze ans à compter de son acquisition. En cas de mutation à titre gratuit les héritiers ou donataires auront la possibilité de reprendre l'engagement de leurs auteurs afin d'atteindre le
délai de quinze années. Ensuite l'immeuble doit être détenu de manière directe. Il s'agit ici d'un chan-
gement non négligeable puis qu'auparavant lorsque le bien appartenait à une société civile non assujettie à l'impôt sur les sociétés le contribuable qui avait financé des travaux pouvait en déduire les
charges afférentes indépendamment de sa quota part dans la société civile. Mais depuis, le régime
fiscal de faveur dont bénéficient les monuments historiques est subordonné à l'absence de détention
indirecte de l'immeuble, sauf si la société civile non assujettie à l'impôt sur les sociétés obtienne un
agrément ou encore, s'il s'agit d'une société immobilière à caractère familial. Dans ces deux derniers
cas, les associés souhaitant bénéficier du régime de faveur doivent prendre l'engagement de conserver
leurs parts durant au moins quinze ans à partir de leur acquisition.

Enfin, la loi exclue du régime de faveur les immeubles mis en copropriété, à moins que celle-ci n'ait
fait l'objet d'un agrément.

Le non respect de l'obligation de conservation entraîne la majoration du revenu global ou du revenu
foncier net de l'année et des deux années suivantes du montant des charges indûment imputées depuis
l'acquisition et à compter de l'année 2009. Des dérogations à ce principe de majoration existent cependant. Notamment en cas de licenciement, d'invalidité ou de décès du contribuable ou de l'un des
époux soumis à une imposition commune, en cas de mutation à titre gratuit de l'immeuble ou des
parts de l'immeuble à condition que les donataires, héritiers ou légataires reprennent l'engagement de

conservation précédemment souscrit pour la durée restant à courir à la date de la mutation à titre gratuit.

Les conditions qui viennent d'être citées sont celles applicables à tous les monuments historiques, mais l'administration fiscale va opérer une distinction entre les immeubles procurant des recettes imposables et ceux qui n'en procurent pas.

    a. cas de l'immeuble procurant des recettes imposables

On distingue selon que l'immeuble est occupé ou non par son propriétaire.

Lorsqu'il ne l'est pas c'est qu'il est loué dans son ensemble ou qu'il ne l'est pas mais donne lieu à la perception de recettes accessoires. C'est par exemple le cas du Château des Milandes dans le Périgord Noir, ancien château de Josephine Baker, qui n'est pas habité par les actuels propriétaires, mais qui procure des recettes de part les visites qui s'y déroulent. Ces recettes accessoires sont soumises à l'imposition dans les conditions de droit commun après les déductions de charges. L'administration fiscale autorise les propriétaires à appliquer une déduction de 1525 euros sur le montant total des entrées si l'immeuble ne dispose pas de parc ni de jardin et de 2290 euros dans le cas contraire, déduction applicable sans avoir à fournir de justificatif.

La totalité des charges foncières de l'immeuble peut être imputée sur les revenus fonciers. S'il y a un déficit foncier, celui-ci peut être imputable sans limite de montant sur le revenu global des propriétaires. Les dépenses susceptibles d'être déductibles sont celles afférentes aux travaux de ravalement de façade, aux travaux de réfection de toiture, au remplacement de système de chauffage... Sont exclus les travaux modifiant le bien ayant le caractère de construction.

Lorsque le propriétaire a bénéficié de subvention pour effectuer des travaux, ces subventions doivent être ajoutées aux recettes de l'année de perception, les travaux étant ensuite déduits normalement.

L'administration fiscale admet également que les charges issues de l'ouverture du bien au public, tels que les rémunérations du personnel permettant cette ouverture au public, comme le personnel affecté à percevoir les droits d'entrées ou les guides, soient déduites.

Enfin, les primes d'assurances peuvent aussi être déduites pour leur montant réel, ainsi que les dépenses de publicités relatives à l'immeuble ouvert au public, ou encore les dépenses relatives à l'acquisition de matériel informatique permettant la gestion des entrées, ou le suivi des recettes et des dépenses.

Lorsque l'immeuble est occupé par son propriétaire, il s'agit du cas ou l'immeuble est loué partiellement ou dont une partie est ouverte à la visite payante. Le fait que le propriétaire l'occupe à titre de résidence secondaire ou principale n'a pas d'incidence. Les exemples de ce cas sont nombreux. On peut ainsi citer le cas du Château de Pesteils dans le Cantal, ou encore du célèbre château de Cheverny. Dans ce cas les charges foncières se rapportant à la partie de l'immeuble dont le propriétaire se réserve la disposition sont imputables sur le revenu global de la même façon que lorsque l'immeuble ne procure aucune recette imposable. Les autres charges seront prisées en compte pour la détermination du revenu net foncier. Toujours pareil, en cas de déficit, il sera imputable sans limitation de montant sur le revenu global.

Le montant des charges déductibles pour les immeubles produisant des revenus sera porté sur la déclaration numéro 2044 spéciale et annexée à la déclaration numéro 2042.

Les primes d'assurances afférentes aux monuments historiques ouverts au public sont déductibles pour leur montant réel, sans considération sur le fait que l'immeuble soit ou non productif de revenu. Les frais de promotion et de publicité sont eux aussi déductibles des revenus fonciers pour leur montant réel.

Il convient de préciser que les propriétaires de monuments historiques donnés en location ne peuvent pas prétendre au bénéfice du régime du "micro-foncier", régime prévu par l'article 32 du code général des impôts, permettant ainsi de n'imposer que 70% des recettes. Les propriétaires de monuments historiques ouverts au public sont obligatoirement soumis au régime réel d'imposition des revenus fonciers prévu par l'article 29 du code général des impôts.

    b. Cas de l'immeuble ne procurant aucune recette imposable

Deux cas permettent de constater l'absence de recette sur le bien. Soit il n'est pas ouvert à la visite, soit il l'est, mais à titre gratuit.

Malgré cette absence de recette la propriétaire va bénéficier d'un droit à déduction sans pour autant que l'excédent ne puisse être reporté sur les revenus imposables des années suivantes. Il peut déduire de son revenu global net les charges du revenu foncier normal. Ainsi il peut déduire la totalité des cotisations versées à l'administration des affaires culturelles, la totalité des participations aux travaux de réparation ou d'entretien exécutés par l'administration des affaires culturelles, la totalité des dépenses correspondant à des travaux de réparation et d'entretien subventionnés par l'Etat, les autres charges énumérées par l'article 31-I 1° a) à d) du code général des impôts concernant les propriétés urbaines et par l'article 31-I 2° a) pour les propriétés rurales. S'ajoute à cette liste des déductions les frais de gérance, les rémunérations des gardes et concierges ainsi que les intérêts des dettes contractées pour la conservation, l'acquisition, la réparation ou l'amélioration de l'immeuble.

Seules les charges de propriété sont déductibles, les réparations locatives sont donc exclues du droit à déduction, ainsi que les frais de garde et de concierge rémunérant des services de travaux personnels au propriétaire. Les frais d'abattage, d'élagage et d'enlèvement d'arbres sont déductibles à conditions qu'ils portent sur les abords classés ou inscrit du bien. Ces frais comprennent les dépenses d'entretien ou de remise en l'état de la partie protégée du parc ou du jardin, en excluant les dépenses relatives à l'acquisition du matériel.

Il convient de préciser que si l'immeuble est intégralement classé ou inscrit, les charges de propriété sont en totalité déductibles. Cependant si une partie seulement du monument fait l'objet d'une protection et qu'elle est dissociable de l'ensemble, seules les dépenses de travaux afférentes à cette partie de l'immeuble seront déductibles. Si la partie seule qui est protégée n'est pas dissociable de l'ensemble du monument, les charges sont retenues en totalité.

Le montant des charges sera à reporter sur la déclaration numéro 2042 en déductions diverses, mais le propriétaire est dispensé de remplir la déclaration numéro 2044.

A. Les impôts locaux.

L'imagination du législateur concernant les avantages fiscaux semble ne pas avoir été très fertile en matière d'impôt locaux. Cette question de fiscalité locale a été soulevé par Hugues de Beauvais lors de notre entretien. Pour lui cela était intéressant car aucun monument historique n'est identique et que de ce fait aucun monument historique n'a la même fiscalité. Pour lui les conséquences peuvent être non négligeables car cela pose des problèmes d'estimation et de valeur vénale. On peut avoir des prix différents entre les valeurs vénales estimées par les vendeurs ou les acquéreurs et celles trouvées par les services du fisc.

Force est de constater qu'aujourd'hui aucune disposition législative n'intervient en faveur des monuments historiques en matière d'impôt locaux. De ce fait c'est le droit commun qui s'applique. La taxe foncière et la taxe d'habitation sont calculées en fonction de la valeur locative du bien qui elle est déterminée en fonction d'un classement au niveau de la commune. Suivant le scepticisme de monsieur de Beauvais, on peut s'interroger sur ce mode de calcul. De nombreux monuments historiques ont des surfaces habitables très vastes sans pour autant que leur valeur vénale soit augmentée proportionnellement, de même que la valeur locative.

Le code général des impôts semble cependant ouvrir une brèche dans son article 1497, disposant que les locaux d'habitation présentant un caractère exceptionnel voient leur valeur locative fixée dans les conditions prévues par l'article 1498 applicable aux locaux commerciaux. Ce texte permet trois modes de calculs.

Tout d'abord en se référent au bail en cours. Puis à défaut de comparaison avec des immeubles situés dans la commune ou hors de celle ci présentant une situation analogue et pour finir, à défaut de ces deux premiers critères, par appréciation directe.

Si l'application de ces textes peut apparaître avantageuse, il convient de considérer la question avec attention car l'appréciation directe n'est pas forcément la plus profitable au contribuable, son taux pouvant être plus élevé que celui établi par la commune.

Hugues de Beauvais m'expliquait à juste titre, que les monuments historiques procuraient des recettes à la localité. Et en fonction de l'importance du monument ces recettes peuvent être conséquentes. Les monuments historiques apparaissent comme de forts contributeurs dans les ressources locales, ce qui vient quelque peu atténuer l'idée qu'ils ne sont que des niches fiscales. Et sortant du cadre purement fiscal, il n'est pas rare de voir un monument historique faire "vivre" un village entier en embauchant du personnel pour les billetteries, l'entretien... Pour Monsieur de Beauvais tant que la fiscalité reste identique les monuments historiques ont de beaux jours devant eux.

Section 2. La taxe sur la valeur ajoutée.

Les recettes perçues pour la visite des établissements classés comme monuments historiques ou inscrits à l'inventaire supplémentaire, ou présentant un caractère historique ou artistique sont les seules recettes exonérées de TVA. Sous réserve que les aménagements fait ne l'aient pas été dans un but commercial mais qu'ils restent dans les limites d'une simple mise en valeur artistique du domaine et que les recettes proviennent uniquement des droits d'entrée et de la vente de cartes postales ou autres objets évoquant la vie du monument classé. Cette exonération est issue d'une décision ministérielle du 11 Juillet 1950.

Mais cette exonération peut être un handicap aux propriétaires souhaitant exercer leur droit à déduction. Ainsi il n'est pas rare de voir des propriétaires renoncer à cette exonération pour soumettre les recettes des visites à la TVA dans les conditions de droit commun. Cela se fait par une déclaration de renonciation au centre des impôts dont dépend le contribuable pour la déclaration de ses revenus. Dans le cas ou les recettes sont imposables comme revenus fonciers, la déclaration est adressée au service des impôts du lieu de l'immeuble. Il convient de préciser que cette renonciation est irrévocable.

Les droits d'entrée perçus pour la visite d'un monument historique sont assujettis à une TVA à taux réduit, s'élevant à 5,5%. En pleine refonte et questionnement politique sur la TVA ce taux pourrait changer dans les mois à venir.

Les personnes physiques propriétaires de monuments historiques loués ou ouverts au public dont les loyers ou les recettes taxables sont par ailleurs imposables à l'impôt sur le revenu dans la catégorie des revenus fonciers doivent accomplir toutes les formalités relatives à la TVA auprès du service des impôts du lieu de situation de l'immeuble et en cas de multi propriété d'immeubles, auprès du service du lieu de situation du bien dont la chiffre d'affaire est le plus élevé.

Section 3. L'impôt de solidarité sur la fortune.

La question de l'ISF est une question récurrente lors de la mutation d'un monument historique. En effet, l'acquisition d'un tel bien peut parfois faire tomber les nouveaux propriétaires dans une nouvelle tranche d'ISF ou tout simplement en faire de nouveaux assujettis.

L'article 885H du code général des impôts dispose dans son premier alinéa que l'exonération conditionnelle de droits de succession dont les monuments historiques ouverts au public bénéficient n'est pas applicable à l'ISF. Il en va de même pour l'exonération partielle de droits dont certains immeubles d'habitation bénéficient lors de leur première transmission à titre gratuit, en cas de donation ou de succession.

Une instruction ministérielle en date du 19 mai 1982 demande de tenir compte dans l'évaluation de l'ISF des monuments historiques. Notamment des contraintes particulières dont sont grevés ces biens. L'administration fiscale doit donc "tenir compte des charges souvent importantes qui grèvent les monuments historiques, du nombre parfois restreint d'acquéreurs potentiels et des difficultés qui dans certains cas en découlent pour les vendre" (Réponse ministérielle en date du 20 avril 1998).

Le 23 août 2007 le metteur en scène Bernard Murat demandait à la ministre de l'économie et des finances s'il était possible de ne pas faire figurer dans l'assiette de l'ISF la partie d'un monument historique ouverte au public, en raison de la privation que cela procurait sur la jouissance privative du bien. Le 6 décembre 2007 la réponse de la ministre à cette interrogation est négative, considérant que les propriétaires de monuments historiques bénéficient de régimes fiscaux particuliers, notamment en matière d'impôt sur le revenu et que "l'ensemble de ces dispositions fiscales spécifiques aux monuments historiques permet d'ores et déjà d'opérer une correcte appréhension de la situation particulière de ces biens". Mais au regard de l'augmentation des prix de l'immobilier, des charges très lourdes dont font l'objet les monuments historiques, de nombreuses familles se voient contraintes de vendre leurs biens, ce qui sera développés dans les titres à venir.

Lors de la création de l'ISF de nombreux débats avaient été animés afin de savoir ce qu'il convenait ou non d'inclure dans le calcul de l'impôt. La voix de Laurent Fabius avait fini par porter ses fruits puisque le calcul devait exclure tous les objets d'antiquité, d'art ou de collection. Ce qui peut d'une certaine façon avantager les détenteurs de monuments historiques, puisque nombre d'entre eux possèdent de grandes collections ou des objets d'une valeur parfois colossale, comme des tableaux de maîtres, des tapis d'orient, des céramiques ou sculptures par exemple. Ces exonérations sont prévues à l'article 885 alinéa premier du code général des impôts.

Chapitre 3. Les DRAC, des institutions essentielles pour les monuments historiques

En 1977 le ministère de la culture a créé les directions régionales des affaires culturelles, appelées couramment DRAC. Ces DRAC sont présentes dans chaque région et depuis la loi du 6 février 1992 qui organise l'action territoriale de l'Etat elles sot devenues des services déconcentrés.

Le décret numéro 2010-633 du 8 juin 2010 portant sur l'organisation des DRAC précise que chaque région dispose de sa DRAC résultant de la fusion de la direction régionale des affaires culturelles et des services départementaux de l'architecture et du patrimoine. S'articulant autour d'un siège, situé en règle générale dans le chef lieu du département les DRAC sont assorties d'unités territoriales afin de mener à bien leurs missions.

Ses missions sont multiples mais elles sont tout d'abord chargées de conduire la politique culturelle de l'Etat au sein de la région et des départements de son ressort. Leurs actions vont porter sur les domaines de la conservation et de la valorisation du patrimoine. Mais les DRAC auront aussi pour mission d'apporter leur soutient à la création et à la diffusion artistiques, au développement de la littérature, de l'éducation artistique et culturelle ainsi que la transmission des savoirs. Les DRAC étant des organes dont la finalité est de promouvoir la culture dans ses composantes les plus larges, elles sont en charge d'assurer la promotion de la diversité, et du développement de l'économie de la culture et des industries culturelles, ainsi que de la langue française.

Les DRAC vont également participer à l'aménagement du territoire et contribuent à la recherche scientifique des domaines répondant à leurs compétences.
Mais les DRAC sont aussi des organes administratifs, de ce fait elles vont veiller à l'application des réglementations et à la mise en œuvre du contrôle scientifique et technique des domaines de leurs champs d'action.

Les DRAC conduisent les actions de l'Etat, mais ont aussi la prérogative de gérer le développement de la coopération avec les collectivités territoriales et ces dernières peuvent se faire appuyer techniquement par elle. Les DRAC ont aussi pour rôle de s'assurer que l'action des services ministériels – ministère de la culture et établissements publics de ce dernier – soit cohérente.

Les DRAC vont intervenir également dans le secteur architectural. Elles agissent en qualité d'expert tant sur le plan de l'architecture que sur celui de l'urbanisme dans le cadre de la politique de la ville. Partageant avec l'architecte-conseil le rôle d'interlocuteur avec les professionnels de l'architecture et jouissent également d'une prérogative de conseil vis-à-vis des candidats qui portent des projets. Et sont par ailleurs membre des jurys.

En termes de culture architecturale, elles collaborent avec divers partenaires que sont les conseils pour l'architecture, l'urbanisme et l'environnement, mais aussi la maison de l'architecture et les écoles, dans le but d'améliorer sa connaissance et sa diffusion.

D'autre part, les directions régionales des affaires culturelles assurent le suivi des documents d'urbanisme. Elles s'intéressent particulièrement à la procédure visant à la création des ZPPAUP (zones de protection du patrimoine urbain et paysager).

Les DRAC ont de plus un rôle d'étude, de protection, de conservation et d'application de la législation en termes d'archéologie préventive. Un décret de 2004 leur attribue également la fonction de réglementer les fouilles, de faire en sorte que les vestiges archéologiques soient protégés ainsi que les sols et les sous-sols. Ces fouilles sont programmées par ses soins et assure le contrôle des opérations archéologiques préventives.

Quant aux monuments historiques, ils sont placés sous l'égide de la CRMH (conservation régionale des monuments historiques) qui est gardienne de leur protection, de leur conservation, de leur restauration et de leur mise en valeur. Ce sont elles qui s'occupent de l'instruction des dossiers relatifs à ces monuments, lesquels sont présentés à la commission régionale du patrimoine et des sites qui est présidée par le préfet de la région concernée. Aussi, elles procèdent au recensement et à l'étude des biens meubles qui doivent être protégés ainsi qu'à l'instruction des dossiers concernant ces derniers, qui sont présentés aux commissions départementales des objets mobiliers liées étroitement aux conservateurs des antiquités et des objets d'art.

Sur le plan de la restauration, elles assurent l'élaboration technique, juridique et financière des programmes concernant les monuments historiques classés, et suit ces opération en collaboration avec l'architecte en chef des monuments historiques ainsi que les architectes des bâtiments de France et les conservateurs des monuments historiques et des antiquités et objets d'arts.

Les DRAC sont donc des organes essentiels pour les monuments historiques, elles assurent le suivi et l'accompagnement des propriétaires de monuments historiques, se mettant à leur disposition pour répondre à leurs questions et les aider dans les démarches administratives.

La longue maturation dont l'approche des monuments historiques à pu faire l'objet permet aujourd'hui de leur donner un cadre juridique précis. La loi française accorde à ses biens quelque peu différents des dérogations par rapport au droit commun. Ainsi on peut s'interroger sur la façon dont elle aborde leur mutation. Il sera donc question d'observer les mutations du patrimoine historique de l'Etat dans un premier titre et les mutations du patrimoine privé dans un second titre.

Titre Premier. La mutation des monuments historiques de l'Etat

La question du patrimoine de l'Etat apparaît être un point intéressant. De part l'histoire et ses événements l'Etat s'est placé comme le plus gros propriétaire foncier en France. L'encadrement des biens de l'Etat s'inscrit dans le cadre d'une politique, il sera donc question de s'y intéresser (Chapitre 1). A l'heure ou la politique souhaite de la transparence et ou la crise conduit à adapter la gestion de ce patrimoine, s'intéresser à la mutation des monuments historiques qu'il possède permet de s'interroger sur les façon dont ce patrimoine a été acquis, et comment et pourquoi il est cédé (Chapitre 2).

Cependant, il convient ici de préciser que ce chapitre, malgré une perspective ambitieuse, ne pourra pas être développé de façon très détaillé étant trop vaste, et complexe, mais il tentera une approche globale et synthétique afin d'avoir une vision générale.

Il convient aussi de préciser, n'en déplaise aux juristes les plus pointilleux, que le mot "État" est à comprendre au sens générique du terme, l'Etat étant le domaine public, en opposition aux privé, dont il sera objet dans le second titre. Ce titre inclut donc dans le mot "État" les collectivités territoriales, les collectivités départementales et régionales...

Chapitre 1. La politique immobilière de l'Etat, un facteur essentiel dans la gestion des biens historiques de l'Etat.

On ne peut dissocier l'appréhension du patrimoine de l'Etat de la politique immobilière de celui-ci. Sujet d'actualité de par les polémiques provoquées par la mutation des bâtiments de l'Imprimerie nationale ou de l'hôtel de la Marine, la politique immobilière de l'État occupe une place majeure dans la gestion des finances publiques. En effet, il s'agit d'une politique concernant un des principaux actifs de l'État, avec une valorisation du patrimoine immobilier contrôlé par l'État au 31 décembre 2011 estimée par le document de politique transversale "Politique immobilière de l'Etat" joint au projet de loi de finances 2013, à près de 57 milliards d'euros pour une surface d'environ 72 millions de mètres carrés de surface utile brute (SUB). Ce patrimoine est le plus gros patrimoine de France, constitué de bâtiments neufs, administratifs, de bureaux, et pour ce qui nous intéresse, de monuments historiques. On pourrait s'interroger sur l'estimation monétaire faite du patrimoine. En effet, certains biens historique de l'Etat, tels que le château de Versailles ou le château de Chambord, sont difficilement estimables.

Depuis 2007, une nouvelle politique immobilière de l'État est mise en œuvre afin de rationaliser l'utilisation de son parc qui peut relever du secteur domanial ou du secteur privé, et visant l'exemplarité de la gestion publique.

Cette nouvelle politique immobilière a plusieurs finalités.

Tout d'abord elle doit permettre aux administrations de disposer d'un parc immobilier mieux adapté à leurs missions et aux réformes qu'elles doivent conduire, notamment, en offrant aux agents et aux usagers des locaux adaptés aux besoins du service public, prenant en compte l'ensemble des normes applicables.

L'idée est aussi de disposer d'un parc immobilier moins coûteux, notamment, diminuer le coût de la fonction immobilière de l'État en allouant à ses services et ses opérateurs des surfaces rationalisées et des prestations mutualisées.

Cette nouvelle politique immobilière doit également permettre de favoriser le développement de l'offre de logements grâce à la mobilisation du foncier public à l'occasion des cessions foncières induites par les évolutions des besoins des acteurs publics.

Ce qui va ici nous intéresser fortement c'est que la nouvelle politique immobilière de l'Etat va permettre de valoriser le patrimoine immobilier afin, notamment, de céder les immeubles inadaptés ou devenus inutiles. Ce sera le cas notamment pour de nombreux immeubles historiques.

Enfin, cette politique doit permettre de disposer d'un parc immobilier en bon état et répondant aux objectifs d'un « État exemplaire » (respect des objectifs d'accessibilité et de performance énergétique et environnementale du Grenelle de l'environnement).

De la responsabilité du ministre chargé du budget et du domaine, les préconisations relatives à la politique immobilière de l'État sont émises par le service France Domaine de la direction générale des finances publiques et sont mises en œuvre avec le concours de toutes les administrations. Les finalités de la politique immobilière menée par l'État concernent ses services en administration centrale et déconcentrée, ses opérateurs et les autorités administratives indépendantes. Deux circulaires du

Premier Ministre adressées aux ministres et aux préfets en date du 16 janvier 2009 consacrent la mise en œuvre d'une gestion immobilière unifiée par l'État propriétaire.

La politique immobilière de l'État constitue une politique transversale de l'État au sens des finances publiques, conformément notamment à l'article 128 de la loi de finances rectificative pour 2005 instaurant les documents de politiques transversales (DPT). L'effort budgétaire consacré à l'immobilier de l'État est majoritairement financé sur les programmes des ministères utilisateurs. Au total, France Domaine, en tant qu'il représente le ministre chargé du domaine, est en situation de responsabilité financière sur environ 8 % des crédits immobiliers. La création du compte d'affectation spéciale (CAS) « Gestion du patrimoine immobilier » (2006) et du programme 309 « Entretien des bâtiments de l'État » a constitué une étape importante dans la coordination de la politique immobilière de l'État.

La politique immobilière de l'État s'appuie sur un certain nombre de mesures et d'outils destinés à atteindre les objectifs assignés par sa réforme, à savoir:

- **les schémas pluriannuels de stratégie immobilière** (SPSI), définissant les besoins immobiliers de chaque administration en fonction des orientations définies par le Gouvernement pour chaque politique publique notamment en termes d'effectifs et de missions. Ils ont pour objectifs de réduire le volume et le coût des surfaces occupées, locatives ou domaniales, et d'attribuer aux administrations occupantes des locaux fonctionnels.

- **les conventions d'utilisation**, organisant depuis 2010 les relations entre l'État propriétaire et l'utilisateur - administration ou opérateur - occupant le bien immobilier mis à sa disposition, contrôlé par l'État. Elles précisent les obligations du propriétaire et de l'occupant, notamment en matière de ratio d'occupation et d'entretien. La convention arrête le montant des loyers budgétaires payés par l'utilisateur.

- **les loyers budgétaires** s'appliquant à l'ensemble des immeubles majoritairement de bureaux que l'État met à disposition de son administration. Ce dispositif, expérimenté de 2006 à 2009 et généralisé depuis le 1er janvier 2010, vise à responsabiliser les occupants sur le coût d'occupation des immeubles domaniaux en les intégrant dans leurs dépenses de fonctionnement. Les montants des loyers ont été évalués par rapport aux prix du marché.

- le **ratio d'occupation des bureaux**, fixant la cible de 12 m² de surface utile nette par poste de travail.

- **le module immobilier de Chorus**, déployé en avril 2009 sur l'ensemble du territoire national et pour l'ensemble des ministères. Il permet à France Domaine et aux responsables immobiliers des ministères occupants, de disposer d'un outil d'accompagnement de la mise en œuvre de la politique immobilière de l'État reposant sur des critères de performance. Ce module reprend les fonctionnalités des anciennes applications du Tableau général des propriétés de l'État (TGPE) et du serveur du TGPE (STGPE) portant sur l'inventaire physique du parc immobilier et sur les actifs immobiliers.

- **les cessions immobilières**, prévues dans le cadre d'un programme pluriannuel de cessions de biens de l'État. Ce programme a été élaboré par France Domaine pour les années 2010-2013, en liaison avec les différentes administrations. La mise en œuvre des opérations de cessions décidées conformément aux instructions du préfet de région relève de la responsabilité des préfets de département. La cession des biens de l'État est réalisée à la valeur de marché et dans le respect des règles de transparence et de mise en concurrence. Depuis le 1er janvier 2012, L'Outil de Suivi des Cessions (OSC) intègre, sur un support unique, l'ensemble du processus de cession, depuis l'identification du bien jusqu'à l'encaissement du produit de cession. Il permet ainsi de fiabiliser et d'alléger les tâches des services locaux de France Domaine.

- **le plafonnement des loyers des immeubles de bureaux** pris à bail dans certaines grandes agglomérations a pour objectif d'éviter les implantations dans des immeubles dont la localisation, les caractéristiques ou le caractère luxueux aboutiraient à des loyers qui, tout en étant cohérents avec le marché local, seraient de niveau excessif. Ce plafonnement a aussi pour objectif d'obliger les bailleurs à descendre leurs prix en deçà de ces plafonds pour espérer pouvoir contracter avec l'État, compte tenu de la solvabilité qui est la sienne. Ce plafonnement concerne les services et les opérateurs de l'État. A titre d'exemple, il est fixé à 400 euros/m2 à Paris.

- **les dispositifs de mobilisation du foncier de l'État en faveur du logement**, objectif majeur donné à France Domaine, en collaboration avec le ministère de l'égalité des territoires et du logement. Ainsi à partir de 2013, France Domaine est aussi chargé d'identifier des emprises mal utilisées ou sous-utilisées par les administrations pour proposer leur mobilisation pour l'accroissement du nombre de logements sociaux.

Au sein de l'administration centrale, le ministre délégué chargé du Domaine et ses services en son nom, pilotent la mise en œuvre de cette politique transversale. Pour cela il est épaulé par de nombreux acteurs, comme les préfets, le Conseil Immobilier de l'Etat, le comité d'orientation politique immobilier de l'Etat, ou encore France Domaine.

Chapitre 2. Les opérations de transactions sur les monuments historiques de l'Etat

Comme tout patrimoine celui de l'Etat n'est pas figé, il évolue au gré des besoins et des politiques mises en œuvres, comme il vient de l'être vu dans la section 1. Ainsi l'Etat est parfois un acquéreur de monuments historiques (A) mais se retrouve aussi vendeur (B). Les règles régissant les transactions concluent avec l'Etat ne sont pas les mêmes que celles qui vont régir les rapports entre particuliers, leur étude sera donc l'enjeu de cette section.

   A. Acquisition par l'Etat de Monuments historiques

L'Etat ne s'est pas vu devenir le plus grand propriétaire foncier de France du jour au lendemain. Pour dresser ce constat aujourd'hui il faut remonter aux origines de notre pays et de ses différents régimes politiques.

L'essentiel des monuments historiques dont l'Etat est propriétaire aujourd'hui est l'héritage de nombreux siècles de monarchie, ayant permis de construire des résidences royales, tels que les Châteaux de Blois ou de Chambord, mais aussi d'un grande série d'acquisitions. Retracer l'histoire immobilière des biens de l'Etat n'aurait pas un grand intérêt, et souhaitant garder à l'esprit une approche contemporaine de la mutation des monuments historiques il sera question d'évoquer ici les modes d'acquisition actuels. Il y a trois sources d'acquisitions majeures, le cas des successions vacantes (a), le rachat (b) et la dation en paiement (c).

   a. le cas des successions vacantes

Le droit des successions en France est un droit complexe et très bien encadré. Lors d'un décès les héritiers sont amenés à prendre la succession et pour des cas précis, ils ont le choix de la refuser. Cependant il se trouve parfois qu'il n'y ait pas d'héritier direct, dans ce cas une recherche d'héritier est opérée, et si celle-ci n'aboutit pas, la succession est déclarée vacante. L'article 809 du code civil dispose que la succession est déclarée vacante pour trois raisons:

"1° Lorsqu'il ne se présente personne pour réclamer la succession et qu'il n'y a pas d'héritier connu ;

2° Lorsque tous les héritiers connus ont renoncé à la succession ;

3° Lorsque, après l'expiration d'un délai de six mois depuis l'ouverture de la succession, les héritiers connus n'ont pas opté, de manière tacite ou expresse."

Dans ce cas, l'Etat pourra demander au tribunal de grande instance du lieu de situation de la succession l'envoi en possession de cette succession.

Malgré mes recherches, je n'ai pas trouvé de cas d'acquisition de monument historique par l'Etat de cette façon, mais il me semblait opportun de l'évoquer puisqu'une telle situation est prévue par le droit et que de ce fait elle est susceptible de se produire.

On peut aussi évoquer la prescription trentenaire pour les biens immobiliers sans maître. À l'issue d'un délai de trente ans, l'Etat, le plus souvent la commune, peut revendiquer un immeuble qui n'a pas de propriétaire connu depuis cette période. Une décision du conseil municipal du lieu ou se situe l'immeuble peut choisir d'incorporer ce bien dans son patrimoine. Une fois encore cette situation apparaît marginale, mais reste envisageable.

b) L'achat de monuments historiques par l'Etat

Concernant le patrimoine historique l'Etat est investi d'une mission de protection et de sauvegarde. D'ailleurs la loi du 13 décembre 1913 attribue à l'Etat et à lui seul les compétences pour assurer la protection de ces monuments. De ce fait, malgré la politique immobilière actuelle qui a tendance à céder des immeubles, l'Etat a la faculté d'acquérir des bien historiques.

Les raisons qui poussent l'Etat à se lancer dans de telles opérations sont nombreuses. Le monument historique peut être un monument de grande importance pour l'histoire nationale ou locale, la restauration de celui-ci est telle que seule l'Etat peut la mettre en œuvre, le monument peut servir de réceptacle à un lieu de manifestation publiques et artistiques... La liste des motivations n'a quasiment pas de fin, l'objectif étant de valoriser notre patrimoine culturel.

Pour illustrer ce propos, l'histoire du château de Grignan, lieu de séjour provençal de la marquise de Sévigné, est assez intéressante.

Acheté en 1902 par Boni de Castellane qui souhaitait le restaurer à grand frais grâce à la fortune colossale de son épouse, il ne pu mener à bien ce projet à cause de son divorce. Il céda donc le château à son cousin le comte de Castellane avant que celui-ci ne le revende à Marie Fontaine le 18 Décembre 1912. Madame Fontaine dépensa toute son énergie et sa fortune pour le restaurer entre 1913 et 1931, à son décès en 1937 le château de Grignan tombe dans les mains de ses neveux Yvonne et Georges Baroux qui décident de s'en séparer. Ce château, outre son intérêt architectural est un haut lieu historique pour la Drôme, ce qui poussa le Conseil Général de la Drôme à l'acquérir le 10 Janvier 1979. Une fois passé dans les mains du Conseil Général les restaurations ont repris, l'argent dont bénéfice l'Etat par le Conseil Général à permis de refaire les façades, de remeubler les pièces du château, mais aussi de l'ouvrir largement au public. Depuis 1987 le château de Grignan accueille les "Fêtes Nocturnes du Château de Grignan" durant les mois de juillet et d'août. Il s'agit de manifestations artistiques permettant de recréer l'ambiance festive qui devait régner au château à l'époque de la marquise de Sévigné.

L'acquisition réalisée par l'Etat ici entre parfaitement dans la logique de sauvegarde, de protection et de partage.

Si j'ai choisi d'évoquer cet exemple, il n'est pas isolé et on pourrait en dérouler bien d'autres identiques.

c) la dation en paiement

La dation en paiement est un mécanisme permettant d'éteindre une obligation par le transfert de propriété d'un bien appartenant au débiteur au profit du créancier. Il s'agit d'un paiement en nature. La dation en paiement à très souvent pour objet des œuvres d'art, ou des biens meubles, mais elle peut porter sur des biens immeubles. Ainsi le propriétaire d'un monument historique peut céder la propriété de son bien à l'Etat dans le cadre d'une dation en paiement afin de régler ses dettes fiscales.

Ce processus d'acquisition de monument historique par l'Etat est rare, voire inexistant mais il reste envisageable.

B. Vente du patrimoine de l'Etat

Comme il l'a déjà été vu, l'Etat a une façon propre de gérer son patrimoine. Aujourd'hui en quête d'optimiser son parc et ses finances par le biais de recettes non fiscales, l'Etat s'est depuis quelques années lancé dans de grande opération de mutations. 1870 biens devraient être cédés entre 2012 et 2014 pour atteindre un chiffre d'affaire de 2,2 milliard d'euros. Cette série de cession fait partie de la restructuration de l'Etat lancée par Nicolas Sarkozy, et continuée depuis l'arrivée de François Hollande au pouvoir. 85% des gains issus de ces cessions sont utilisés pour rénover ou construire des bâtiments publics, le reste permettant de désendetter l'Etat. C'est à France Domaine que revient la charge de s'occuper des ventes des biens de l'Etat.

Ce sont les dispositions du décret numéro 2004-1175 du 4 Novembre 2004 qui régissent les procédures concernant l'aliénation du patrimoine de l'Etat. Mais ce texte précise simplement que l'aliénation d'un bien appartement à l'Etat, que celle-ci se fasse par adjudication publique ou de façon amiable, doit en principe être précédée d'une procédure de publicité et de mise en concurrence.
Ce principe voit cependant quelques limites puisque de nombreuses ventes ont lieu de gré à gré (54% des cessions dont le montant est supérieur à 2 millions d'euros). Ces ventes sont principalement réalisées au profit de collectivités territoriales ou au profit de HLM. Le ministère de la défense jouissant d'un régime dérogatoire en vertu du code du domaine de l'Etat favorise les mutations de gré à gré de son patrimoine.

L'article R. 129-2 de ce même code prévoit les règles de publicité applicables aux ventes avec mise en concurrence. En vertu de cet article le préfet annonce la cession amiable grâce à un avis inséré dans une publication dont la diffusion est locale, nationale ou internationale. Cette publication doit être habilitée à recevoir des annonces légales, ou à défaut il faudra se retourner dans une publication spécialisée dans le secteur immobilier, et publier celle -ci par voie électronique. La nature et l'importance de l'immeuble objet de la cession va permettre de devenir le choix des modalités de publication. L'avis va devoir préciser les caractéristiques essentielles du bien, les modalités d'obtention du cahier des charges de la ventes, celles de présentation des offres par les acquéreurs potentiels ainsi que les modalités d'organisation des visites. Les conditions financières proposées et les garanties de bonne fin et de solvabilité présentées sont prises en compte dans les critères de sélection des offres. C'est le directeur des services fiscaux qui fixera les conditions financières de la cession qui ne sera consentie qu'à ces conditions.

Lorsque la valeur vénale de l'immeuble excède un montant fixé par arrêté du ministre chargé du domaine, la cession est autorisée par ce dernier. De plus, conformément aux dispositions de la loi du 13 juillet 2006 portant engagement national pour le logement, les projets de cessions immobilières de l'Etat sont soumis à une notification préalable aux communes afin de leur permettre d'exercer le droit de priorité dont elles bénéficient.

Ces dispositions sont les seules applicables aux opérations de cessions immobilières de l'Etat réalisées avec appel à la concurrence. Aucun texte n'existe garantissant et organisant l'égalité de traitement entre les candidats. De même, les conditions dans lesquelles une négociation peut s'ouvrir avec un ou plusieurs candidats ne sont pas fixées. Le rôle, la composition, les pouvoirs des commissions administratives chargées d'ouvrir les plis ne sont définis nulle part. Les conditions de rejet par celles-ci d'une offre ou les conditions dans lesquelles une offre imprécise peut être complétée par un candidat ne sont pas davantage fixées.

Ainsi le contrôle des opérations et la sanction d'une éventuelle atteinte à la transparence des procédures sont relativement malaisés, puisque il y a une absence de règles précises.

France Domaine à réalisé un guide pratique des cessions amiables pour les trésoriers-payeurs généraux, il s'agit du seul texte qui organise les opérations de ventes.

Ce texte explique que l'ouverture des plis est effectuée par une commission dont la composition est librement déterminée par le responsable du service local du domaine, quant à l'examen des offres, il doit faire l'objet d'un procès-verbal.

Pour les cessions touchant de grands monuments l'Etat a en général recours à l'appel d'offre. C'est notamment le cas pour la vente de l'ancien hôtel de Police de Bordeaux. Ce dossier comprend six parties :

- I. Objet de l'appel d'offre
- II. Candidats
- III. Organisation de la consultation
- IV. Procédures de l'appel à candidatures
- V. Réalisation de la vente-paiement du prix-frais à payer
- VI. Attribution de juridiction

Ce dossier va permettre d'encadrer les modalités dans lesquelles la cession aura lieu, s'agissant de la désignation de l'immeuble, de ses caractéristiques, puis va encadrer le profil des potentiels acquéreurs, en exigeant notamment des garanties financières. Ce dossier est la base qui va permettre aux personnes intéressées de prendre connaissances de tout ce qui a trait à la cession.

Titre Second. La mutation des MH privés en France

Chapitre 1. Psychologie et sociologie des vendeurs et des acquéreurs de Monuments Historiques

Dès que l'on parle de mutation, au sens de transaction, il y a un facteur social et psychologique très important qu'il faut prendre en considération. La vente d'un bien, quel qu'il soit, est une étape à la fois dans la vie des vendeurs et des acheteurs. Et d'autant plus lorsqu'il s'agit d'un monument historique, ou l'empreinte laissé par le temps et l'histoire, aussi bien familiale que nationale, est très forte. Partant de ce constat il me semblait indispensable d'étudier la psychologie et le sociologie des personnes gravitant autour de ces biens. Cela s'explique par l'investissement que nécessite un monument historique. Il ne s'agit pas seulement d'acquérir un château ou autre lieu historique pour l'habite. Derrière cette acquisition se cache très souvent un projet de vie, s'inscrit dans une démarche particulière, quelque en soit les motivations. L'étude sociologique des acquéreurs et des vendeurs permet de mieux comprendre les tenants et les aboutissants de la mutation des monuments historiques.

Ainsi ce chapitre sera le résultat de mes entretiens avec diverses personnalités connaissant la question de la mutation monuments historiques, et de mes recherches sur le sujet, permettant de dresser des "profils types". Une première section s'attachera donc aux vendeurs (section 1) et une seconde aux acquéreurs (section 2).

Section 1. Les vendeurs de monuments historiques

Deux principales catégories de vendeurs apparaissent, les propriétaires issus des vieilles familles (A), et les "néo-châtelains" (B).

A. Les propriétaires issus des vieilles familles

Ce serait mentir de prétendre que les vieilles familles aristocratiques françaises soient totalement dépossédées de leur biens. Force est de constater que nombre d'entre elles sont encore propriétaires de leur château familial. Cependant l'entretien d'un tel bien est l'objet de nombreux efforts au quotidien, notamment sur le plan fiscal, malgré les avantages liés à la possession d'un monument historique. L'entretien d'un tel domaine est coûteux, et pour cela soit un plaisir il faut beaucoup d'argent, hors ce n'est plus toujours le cas.

Éric Mension-Rigau, auteur du livre "La vie des Châteaux" soulevait le fait que la vie dans un château n'est plus forcément adaptable à une vie contemporaine. Aujourd'hui les femmes travaillent, même dans les milieux les plus conservateurs, et ont besoin d'indépendance, de mouvement, tout comme la jeune génération d'enfants et de jeunes adultes qui ne sont plus comme avant heureuses de passer des vacances entières à la campagne, coupées du monde, même dans un beau château familial. Ce manque d'intérêt des jeunes générations pour le patrimoine familial était déploré par la comtesse Yvonne de Miramon, propriétaire du château de Pesteils dans le Cantal, qui s'inquiétait de l'avenir de son domaine après elle, et de l'éclatement de sa famille au quatre coins du monde.

Il ressort de cela que les monuments historiques familiaux peuvent être mis en vente du fait de la charge qu'ils représentent pour les familles propriétaires, comme pour le manque d'envie des enfants et petits enfants, qui n'ont pas forcement été élevés au sein de ce monument, et qui ne souhaitent pas faire de sacrifices pour pouvoir le conserver.

Mais autre raison qui est aussi souvent source de mutation de la part des vieilles familles, c'est l'obligation de respecter la parité dans les fratries lors des successions. Cette parité conduit bien souvent à la vente du domaine familial afin que chaque enfant puisse récupérer une part égale. Ce facteur n'était auparavant pas existant, puisqu'il y avait le droit d'ainesse, mais ce n'est plus le cas et l'argent régissant très souvent les sentiments, il est fréquent de voir des monuments historiques mis sur le marché de ce fait. D'autant plus qu'aujourd'hui certains préfèrent revendre le château familial pour pouvoir acheter une maison de campagne, bien plus simple à entretenir et moins coûteuse.

Cette obligation de parité au sein de la fratrie conduit de nombreux biens historiques à être en indivision, ce qui n'est pas non plus source d'apaisement pour les familles. On se souvient de l'histoire du Château d'Ansouis, propriété de la famille de Sabran-Pontevès depuis plus de mille ans, qui a été mis en vente car la duchesse Gersende d'Orleans, née Sabran-Pontevès, co-indivisaire, souhaitait casser l'indivision et récupérer sa part monétaire. L'histoire de cette vente a été très médiatisée à l'époque, mais elle n'est pas isolée.

Malgré l'attachement sentimental que peuvent avoir les vieilles familles pour leur monument historique familial les raisons exposées ci dessus sont des explications à la mise en vente de leur domaine.

B. Les "néo-châtelains"

Le terme "néo-châtelain" est un terme inventé par Éric Mension-Rigau qui au cours de ses études a été amené à en côtoyer, ce qui lui a permis de les définir. Cette catégorie de châtelain se retrouve aussi bien du côté vendeur que du côté acquéreur. Il s'agit des personnes qui par leur ascension sociale ont pu se permettre d'acquérir un château. L'achat de ce bien d'exception est pour eux dans le domaine de l'achat d'impulsion, ce n'est pas forcément un acte réfléchit. Ils achètent un château pour diverses raisons, mais n'en pèsent souvent pas toutes les conséquences, d'où des reventes rapides. Ici il est question de les appréhender du côté vendeur. La revente de leur monument est bien souvent moins douloureuse que pour les familles dont il a été question précédemment. On estime le temps entre l'acquisition de leur bien et la revente entre dix et douze ans, selon les observateurs.
Une fois encore les causes sont multiples.
Dans le cas où l'objectif de l'achat du monument était purement financier, la revente du bien s'explique par le fait que les années de détentions nécessaires à permettre des abattements est révolue. Entre temps il n'est pas rare que le monument ait été restauré et embellit, afin de réaliser une meilleure plus-value. Cette notion d'argent et de plus-value est taboue, ce n'est pas un sujet que l'on aborde facilement.

L'autre cause principale de revente d'un monument historique par un néo-châtelain provient du fait du manque d'attaches qu'ils ont pour le bien. Contrairement aux familles anciennes qui possèdent le bien depuis plusieurs générations les néo-châtelains n'ont pas d'attaches dans la région, dans le village où est situé le monument, et n'ont pas d'histoire avec ce dernier. La fraîche acquisition du monument leur permet de s'en séparer plus aisément. Il en va de même pour leurs enfants, lorsque c'était les parents qui avaient acheté, en cas de succession ils n'hésitent pas à mettre en vente le monument, n'y ayant pas grandi dedans ils n'y sont pas attachés. Ce bien n'étant pas pour eux le socle de leur famille, comme cela pourrait l'être pour les vieilles familles.

Section 2. Les acquéreurs de monuments historiques

Les profils des acquéreurs de monuments historiques sont multiples et sans doute existe-t-il un profil distinct par monument. Néanmoins il ressort trois grandes catégories d'acquéreurs. Tout d'abord les professionnels de l'immobilier observent ce que l'on peut considérer comme des "nouveaux riches" (A), puis il il y a les enfants des vieilles familles qui souhaitent renouer avec leur passé (B), et enfin, certains acquéreurs sont des passionnés de la pierre et du patrimoine (C).

   A. Les "nouveaux riches"

De toutes les personnes que j'ai interrogées pour savoir quels étaient les acquéreurs de monuments historiques, aucune n'a pu nier le fait que beaucoup d'entre eux étaient ce que l'on peut appeler des "nouveaux riches".

Ces personnes viennent de tous les horizons: de la finance, du show-biz, de l'entreprenariat... Mais elles ont en commun une réussite sociale qu'elles souhaitent exposer au regard de tous, et quoi de mieux qu'un château pour cela. L'acquisition d'un tel monument leur permet d'exister au regard des autres, d'assoir leur réussite sur quelque chose de solide, de tangible, mais aussi de rentrer dans l'histoire. Posséder un monument historique c'est posséder un bout de l'Histoire. Pour certains d'entre eux également, il s'agit d'une revanche sociale, et malgré la Révolution, la France reste encore très marquée par l'Ancien Régime, dont un des symboles était le château, demeure d'aristocrates. Ce marquage social a été développé dans les ouvrages des Pinçon-Charlot, spécialistes de la question, notamment dans les ouvrages "Les ghettos du Gotha" ou encore "Voyage en haute bourgeoisie".

Ces "nouveaux-riches" en quête de reconnaissance ne sont pas les seuls à se tourner vers l'acquisition d'un monument historique. Laurence Fraissignes, agent immobilier au sein de "Terre et demeures" dont une des spécialités est la vente de monuments historiques a évoqué "l'enfant du pays qui a réussi et qui a voulu renouer avec le terroir par le haut". J'ai trouvé cette description assez bien illustrée. Lors de l'entrée d'un bien en agence, ces dernières n'hésitent pas à contacter les personnes qui ont eu de près ou de loin une histoire avec le bien, et cela peut être le cas de ces fameux enfants du pays qui ont réussi. Acquérir le château de son village d'enfance est souvent l'aboutissement d'une longue ascension sociale et d'une carrière.

Lorsque cette catégorie d'acheteur acquiert un monument historique on peut se poser des questions sur les réelles motivations. Mais il est apparent que l'aspect défiscalisation est fortement mis en avant. De nombreux sites internet se sont fait la spécialité d'expliquer toutes les méthodes existantes permettant de défiscaliser grâce aux monuments historiques. Le patrimoine est rentré dans le spéculatif, il devient un placement comme un autre.

Lorsque les acheteurs sont français, ce qui est de plus en plus rare, l'aspect fiscal est une des raisons les plus récurrentes dans la décision d'acheter un monument historique. Lorsqu'il s'agit d'acheteurs étrangers, cet aspect fiscal peut être présent, mais il y a aussi une part de rêve qui entre en jeux. La clientèle russe se développe, clientèle étant connue pour son goût de l'ostentation, ainsi que la clientèle américaine. Pour ces derniers la France est encore le pays de l'excellence, de la mode, d'un certain art de vivre, dont la vie dans un château est un des clichés. On remarque d'ailleurs que lorsque le bien entre dans le marché international son prix augmente.

B. Les enfants des vieilles familles souhaitant renouer avec un passé

La catégorie des enfants de vieilles familles qui se portent acquéreurs de monuments historiques est en lien avec ce qu'il a été dit précédemment sur les vendeurs issues de ces mêmes vieilles familles.

Lors des successions en cas de pluralité d'enfants et de refus de séparer la propriété familiale le bien est souvent vendu afin que chacun puisse récupérer sa part en argent, laissant ainsi les membres de la fratrie sans domaine. Il n'est donc pas rare que ces derniers, ayant grandis et ayant été élevés dans un monument historique rachètent un bien du même type afin de reproduire ce cadre de vie pour leurs propres enfants et pour créer leur propre branche.

L'acquisition d'un monument historique par ces personnes se fait en toute connaissance de cause, l'objectif étant de s'investir dans un domaine qui sera le nouveau berceau de la branche, une nouvelle maison familiale, avec toutes les contraintes que cela comporte, mais qui sont connues d'eux, ayant déjà vécu un passé avec un bien similaire. Le bien est perçu comme la possibilité de reconstruire une unité familiale après la rupture qu'à été la vente du bien de famille historique.

On peut ici prendre l'exemple de la famille de La Rochefoucauld. Cette ancienne famille est propriétaire de nombreux châteaux, et compte de nombreux membres. Afin de ne pas voir le patrimoine familial dispersé certains de leurs châteaux ont été vendus entre cousins.

C. Les passionnés de la pierre

Cette dernière catégorie apparaît très appréciée des professionnels de l'immobilier historique. Ces acquéreurs ne sont en principe pas issus de vieilles familles. Leurs profils sont multiples.

Il peut s'agir tout d'abord de simples "amoureux de la pierre" qui ne sont pas forcément très argenté et qui vont faire le choix de consacrer leur vie à la restauration d'un monument historique, au prix de nombreux sacrifices. Sacrifices financier bien entendu, mais aussi familiaux et sociaux. La restauration d'un monument historique est une activité chronophage, qui demande un investissement considérable en temps et en énergie.

Ensuite ces passionnés de la pierre peuvent être des personnalités ayant réussi dans leur domaine d'activité et qui souhaitent grâce à leur réussite participer à la restauration de notre patrimoine. On peut ici citer l'exemple de l'humoriste Yves Lecoq, qui a acquis cinq châteaux depuis 1980. Tout a commencé avec le château de Suzanne dans la Somme, revendu depuis pour acquérir le Château de Villiers le Bâcle en Essonne, qui est actuellement sa résidence principale. Son aventure a continué avec le rachat du château de Maisonseule en Ardèche, puis celui de Chambes en Charente et dernièrement le château de Chalais, toujours en Charentes. Le chateau de Villiers le Bâcle a d'ailleurs été le lieu de tournage du film "Chéri" de Stephan Frears, et de "Ridicule" de Patrice Leconte. Interviewé par les journalistes du site "Maison à part" à l'occasion de la sortie de son livre "Fou de Château" il exprime ainsi son action: "Je considère cela comme une action, je n'irais pas jusqu'à dire philanthropique, mais pour le moins qui me permet de laisser une trace, de sauver des endroits qui le méritent, qui méritent d'être préservés, un deuxième côté qui justifie certaines folies". Le mot folie revient à de nombreuses reprises dans l'entretien. Mais de la folie il y en a dans ce genre de passion. Les acquisitions de Yves Lecoq se sont faites à la suite de "coups de foudre", pour lui "redonner leur âme aux vieilles maisons, leur faire revivre leur passé, a toujours été [pour moi] comme une vocation". Ne niant pas l'impact que cela a eu sur sa vie personnelle l'humoriste semble épanoui de son oeuvre.

On peut également citer l'exemple des frères Guyot, qui dans la même veine que Yves Lecoq se sont lancés dans une succession d'acquisitions de monuments historiques par passion de la pierre. L'aventure commence en 1975 par l'acquisition du château de la Roche en Sologne, puis le château de Saint-Fargeau, château de la famille de Jean d'Ormesson, dont le château du Plessis-Vaudreuil où se situe l'action de son roman "Au plaisir de Dieu" était inspiré. La saga des frères Guyot continue avec les achats des châteaux de Beaufort en Lozère et d'Arrabloy près de Gien. Beaucoup connaissent Michel Guyot grâce au projet qu'il lancé de reconstruire un château médiéval comme ils se faisaient à l'époque, à Guédelon. Cette passion de la pierre chez les frère Guyot transporte la famille dans son ensemble, la fille de Michel travaille avec lui. Chaque projet se fait dans l'optique de restaurer et de contribuer au sauvetage d'un monument de notre patrimoine.

Hugues de Beauvais considère ces passionnés comme des "aventuriers", des aventuriers aux services de la sauvegarde de notre patrimoine et détenteurs de la survie de l'histoire architecturale de notre pays, et parfois de l'histoire tout court.

Chapitre 2. La mutation des Monuments Historiques privés

L'opération de mutation est un acte juridique visant à transférer la propriété d'un bien. Toute transaction fait l'objet d'un encadrement précis, et ici s'agissant de monuments bénéficiant d'une protection les règles sont plus strictes, en tout cas elles obligent les parties, vendeur et acheteur, à respecter certaines formalités, qu'il convient d'étudier dans ce chapitre. Ainsi nous étudierons les obligations relatives aux informations dont les parties sont astreintes lors de la vente à titre onéreux d'un bien classé (section 1), puis nous observerons dans une seconde section les formalités découlant de ce type de mutation (section 2). Si les mutations à titre onéreux sont les plus courantes, il n'est pas rare d'être confronté à des mutations à titre gratuit, ce système a ses règles propres, ce dont il sera l'objet de notre derrière section (section 3).

Section 1. Les obligations d'informations portant sur le bien classé cédé à titre onéreux.

L'immeuble classé reste cessible à titre onéreux ou gratuit, mais les effets du classement suivent en quelques mains qu'il passe. Toute aliénation doit, dans les quinze jours de sa date, être notifiée au préfet de région, par le vendeur.

La législation spécifique appliquée aux monuments historiques a donc une incidence sur leur mutation.

Le rôle du notaire dans cette transaction va être très important. Celui qui sera chargé de recevoir l'acte de vente d'un bien immobilier classé ou inscrit peut être informé du classement par les clients ou par la lecture de l'état hypothécaire, notamment sur la fiche d'immeuble concernant le bien cédé, fiche devant mentionner l'arrêté ou le décret protégeant l'immeuble. Mais le régime de protection étant antérieur à celui de la publicité foncière, puisque celle-ci ne remonte qu'à 1956, tandis que la loi sur les monuments historiques date de 1913, il se peut que certains biens soient classés ou inscrits sans que cette mention ne figure sur l'état hypothécaire. C'est pour cela que le notaire se verra confier une mission de recherche afin de savoir, en présence d'un bien aux caractéristiques historiques ou architecturales, si celui-ci est classé ou inscrit. Il devra donc procéder à une analyse des titres de propriété antérieurs et poser certaines questions aux vendeurs. Si des doutes persistent. Malgré son travail d'investigation, le notaire a toujours la possibilité de s'adresser à la DRAC qui grâce à son fichier pourra le renseigner sur une éventuelle mesure de protection portant sur le bien vendu.

Lors de la mutation d'un monument historique le vendeur sera tenu à une obligation d'information à son acquéreur sur l'existence de la mesure de protection (A) et le notaire sera quant à lui tenu d'informer l'acquéreur des conséquences de cette mesure sur son droit de propriété (B).

A. L'obligation d'information du vendeur à son acquéreur sur l'existence d'une mesure de protection.

L'article L621-23 du code du patrimoine dispose que quiconque aliène un immeuble classé doit faire connaître à l'acquéreur l'existence du classement. Le non respect de cette obligation est fortement sanctionné.

Cette obligation d'information due à l'acquéreur commence à courir dès l'instance de classement du bien. Si un vendeur décide de céder son bien alors que celui-ci est en instance de classement il se doit d'informer son acquéreur de la notification de proposition de classement qui lui a été faite dans les douze mois précédent la vente. Le notaire ayant un rôle de conseil et d'accompagnement peut voir sa responsabilité engagée s'il ne met pas en œuvre toutes les diligences nécessaires à l'entière information de l'acquéreur. En amont de la rédaction de l'acte de vente il doit donc requérir auprès du bureau des hypothèques la délivrance d'un état hypothécaire hors formalité, sur lequel apparaissent l'ensemble des transcriptions ou publications de classement et de déclassement dont l'immeuble a pu être l'objet depuis l'entrée en vigueur de la loi du 31 décembre 1913. Cette démarche peut être très longue puisque le notaire pour requérir les états hypothécaires devra obtenir tous les titres de propriétés antérieurs et que le conservateur des hypothèques à dix jours pour répondre à une demande, par conséquent si le bien a changé de nombreuses fois de propriétaire la démarche pourra s'éterniser.

Il sera aussi demandé au notaire de s'adresser à la DRAC pour obtenir toute information nécessaire sur le bien, notamment s'il est ou non en instance de classement, puisque cette instance vaut classement en cas de mutation, mais qu'elle ne fait pas l'objet d'une publication.

A l'issue de ses recherches, si le bien cédé fait l'objet d'une protection au titre des monuments historiques le notaire devra dans l'acte de vente insérer une clause relative au classement dans l'acte.

En cas de non respect de l'obligation d'information incombant au vendeur pour son acquéreur une action en responsabilité pourra être engagée à l'encontre du vendeur négligent. L'article 1116 du code civil dispose de plus que cette négligence peut entraîner la nullité de la vente en cas de dissimulation dolosive du caractère de l'immeuble à l'acquéreur. L'article L624-1 du code du patrimoine assortie à la disposition du code civil une amende de 3750 euros en cas de dissimulation à l'acquéreur du classement de l'immeuble vendu. Et comme il l'a déjà été dit, le notaire peur aussi voir sa responsabilité professionnelle engagée par son client et même par l'acquéreur pour défaut de conseil.

B. Conséquences de la protection portant sur le bien pour l'acquéreur.

Le classement d'un bien va créer une servitude pour celui-ci et va donc opérer une limitation du droit de propriété et de jouissance. On distingue les servitudes légales et les servitudes conventionnelles.

Les servitudes légales qui peuvent causer la dégradations des monuments historiques ne sont pas applicables aux immeubles classes, en vertu de l'article L621-16 du code du patrimoine. Cela a pour conséquence l'exonération pour les monuments historiques des servitudes d'alignement ainsi que des servitudes liées à la distribution d'eau, d'électricité et de tous les autres réseaux.

Les servitudes issues du classement de l'immeuble au titre des monuments historiques sont des servitudes d'utilité publique et doivent de ce fait figurer en annexe des plans locaux d'urbanisme dont les prescriptions ne doivent pas porter atteinte à un monument historique classé.

La création d'une zone de protection du patrimoine architectural urbain et paysager n'a aucune incidence sur les règles applicables à un monument classé.

Lors de la cession d'un monument historique il conviendra d'informer l'acquéreur que l'autorisation d'exploiter une installation classée ne peut pas être accordée lorsqu'elle présente des dangers ou des inconvénients pour la conservation des monuments.

Il ressort de ces propos que la création de servitudes légales est inapplicable au monument historique dès lors que cette création peut causer la dégradation du bien. Cependant la création de servitudes dites conventionnelles demeure autorisée, à condition d'en obtenir l'agrément administratif.

C'est le préfet de région qui est l'autorité compétente pour délivrer la convention attribuant une servitude conventionnelle sur un monument historique.

Section 2. Les formalités découlant de la mutation à titre onéreux d'un monument historique

Les monuments historiques n'étant pas des biens comme les autres, leur mutation induit nécessairement des formalités différentes que celles appliquées aux biens plus classiques. Il apparaît alors qu'il y ait des formalités avant la signature de l'acte de mutation (A) et d'autres après (B).

A. Les formalités antérieures à la cession du bien classé.

La première formalité est celle incombant au notaire de demander auprès du bureau des hypothèques la délivrance d'un état hypothécaire hors formalités, dont il a déjà été question précédemment. Cet état doit donc faire mention de l'ensemble des transcriptions ou publications de classement dont l'immeuble a fait l'objet depuis l'entrée en vigueur de la loi de 1913. Il s'agit en quelque sorte de la fiche d'identité de l'immeuble.

La seconde formalité est plutôt une exonération de formalité et elle concerne l'obligation de production de diagnostic de performance énergétique. L'article R134-1 du code de la construction et de l'habitation dresse la liste des bâtiments ou partie de bâtiment devant faire l'objet de ce diagnostic qui doit être annexé à toute vente immobilière. Cet article reprend la directive européenne 2002/91 du 16 décembre 2002 dans ses cas d'exonération dont font partie les "monuments historiques classés ou inscrits à l'inventaire en application du code du patrimoine".

Donc le vendeur d'un monument historique se verra déchargé de l'obligation de fournir à son acquéreur un diagnostic de performance énergétique. On peut se réjouir de cette exonération pour le dynamisme des mutations, car au regard des biens classés vendus, les diagnostics énergétiques pourraient faire fuir plus d'un acquéreur.

B. Les formalités postérieures à la mutation du monument historique.

Toute mutation de monument historique doit faire l'objet d'une notification au préfet de la région concernée dans les quinze jours suivants la date de la cession. En vertu du décret 2007-487 du 30 Mars 2007 cette notification doit mentionner le nom et le domicile du nouveau propriétaire ainsi que la date de la cession. Il revient au vendeur d'accomplir cette obligation, mais en pratique c'est le notaire rédacteur de l'acte authentique qui en sera chargé, agissant en tant que mandataire du vendeur.

A réception de la notification par le préfet ce dernier donne acte de la notification qui lui a été faite.

Le code du patrimoine sanctionne le défaut de notification dans les délais d'une amende de 3750 euros en vertu de l'article L624-1.

Cette notification doit se faire selon des règles précises, soit par remise directe au préfet de région, qui dans ce cas doit remettre un récépissé au vendeur, soit par lettre recommandée avec accusé de réception. Il est également possible d'adresser la notification par courrier électronique mais seulement si le préfet de région l'a expressément accepté. Dans ce cas, le préfet est réputé avoir reçu la notification à la date à laquelle il la consulte. Un accusé de réception électronique est adressé à l'autorité compétente au moment de la consultation du document. L'ouverture de la page associée contenant la notification valant accusé de réception. L'article 47 du décret 2007-487 du 30 mars 2007 précise qu'à défaut de consultation dans les huis jours après l'envoi, le demandeur est réputé avoir reçu la notification.

Dans le cas ou le vendeur aurait contracté des dettes vis-à-vis de l'Etat pour des travaux de réparations et d'entretien exécutés d'office sur le monument historique, le ministre de la culture fait connaître s'il accepte la substitution de l'acquéreur dans les obligations financière ayant été souscrites par le vendeur auprès de l'Etat.

Section 3. Les mutations à titre gratuit des monuments historiques.

Nous venons de voir précédemment les formalités attachées aux mutations à titre onéreux des monuments historiques, cas de mutation les plus fréquents, mais il est possible de rencontrer des cas de mutations à titre gratuit. Le principal effet de ces mutations à titre gratuit sera l'exonération des droits de mutations, mais cela se fait sous conditions.

A. Les biens susceptibles de bénéficier de l'exonération des droits de mutation

L'article 795A du code général des impôts dispose que les biens susceptibles de bénéficier de l'exonération sont les immeubles par nature ou par destination qui sont pour l'essentiel classés ou inscrits à l'inventaire supplémentaire des monuments historiques. Cet article n'impose pas que l'intégralité de l'immeuble soit classé ou inscrit. Il suffit simplement que l'essentiel de l'immeuble le soit.

Si le bien n'est pas totalement classé ou inscrit, ce sot les services des ministères de la culture et des finances qui vont apprécier si le bien est protégé pour l'essentiel lors de l'examen de la demande de convention.

Lorsque l'immeuble a été reconnu pour l'essentiel comme classé ou inscrit et qu'il répond aux conditions posées par l'article 795A du code général des impôts il bénéficie d'une exonération totale de droits de mutations à titre gratuit, que cette mutation soit entre vifs, comme une donation ou donation-patate, ou une mutation pour cause de mort. Cependant seuls les biens vises par la convention bénéficient de l'exonération.

B. La convention signée avec les ministères de la culture et des finances

La convention dont il est question est très importante car ce n'est que grâce à elle qu'une quelconque exonération pourra être appliquée. Il s'agit d'une convention à durée indéterminée signée avec les ministères de la culture et des finances. Ainsi les personnes qui souhaitent bénéficier de l'exonération, qu'elles soient héritières, donataires, ou légataires, doivent déposer en double exemplaire auprès de la DRAC du lieu où est situé le bien une demande de convention si rien n'a été signé avant ou une demande d'adhésion à la convention préexistante. Un exemplaire de la demande sera alors transmis au directeur régional des impôts. Cette demande doit préciser les motifs de la demande du bénéfice de l'article 795A du code général des impôts ainsi que les références de l'acte de mutation à titre gratuit. Puis la demande doit contenir la nature et la description du bien concerné ainsi que sa valeur. Et enfin il conviendra de préciser la date de la décision de classement ou d'inscription de l'immeuble.

Les demandeurs doivent aussi déposer auprès de la recette des impôts compétente une copie de la demande ou de l'adhésion à la convention préexistante certifiée conforme par le service de la culture compétent.

La convention qui résultera de ses demandes indiquera la désignation du monument ou des parties d'un ensemble monumental concernes et énumèrera les biens qui peuvent bénéficier de l'exonération. De plus cette convention prévoit les engagements que les ayants droit doivent s'engager à prendre et à respecter pour bénéficier de l'exonération. Engagements portant sur le maintient en place des éléments de décors mentionnés au sein de la convention, sur les conditions d'accès au public du bien exonéré, qui doit être ouvert au public au minimum cent jours par an au cours des mois d'avril à octobre ou quatre-vingt jours par an durant les mois de juin à septembre, sur les modalités d'entretien des biens, et enfin sur l'information au public et les liaisons avec les administrations signataires de la convention. La modification de la convention est possible a posteriori au moyen d'avenants.

L'article 795A du code général des impôts prévoit que cette convention est d'une durée indéterminée. De ce fait à défaut de terme elle peut être remise en cause à tout moment. Ainsi le signataire qui par exemple ne souhaite plus ouvrir son bien au public peut mettre fin à l'application de la convention, ce qui sera appréciable en cas de vente. La contre partie à l'abandon de la convention est la perte de l'exonération des droits de mutation dont à bénéficié le signataire. L'absence de terme de la convention suppose également que ses effets continuent de courir même en cas de décès des héritiers ou légataires signataires de ladite convention. Par conséquent les descendants doivent donc supporter les engagements pris par leurs ascendants sans limites de temps, sauf remise en cause de l'engagement par l'Etat.

La demande de convention est soumise à l'acceptation ou au fus des ministères de la culture et des finances.

En cas de refus, la décision est envoyée par lettre recommandée avec accusé de réception au demandeur. Une copie de cette lettre est envoyée au directeur régional des impôts afin d'être transmise au receveur des impôts compétent.

Si la demande est accordée, après la signature de la convention par les héritiers, légataires ou donataires et par les ministres de la culture et des finances, les services du ministère des finances envoient un exemplaire de la convention par lettre recommandée avec accusé de réception à chacune des parties. Dès lors les ayants droit disposent d'un délai d'un mois à compter de la signature de convention avec l'Etat pour déposer une copie certifiée conforme de la convention à la recette des impôts compétente.

C. Le cas particulier de cession à titre gratuit d'un ensemble n'étant pas entièrement classé monument historique

L'exonération ne peut porter que sur le monument historique dans le cas ou un ensemble est cédé à titre gratuit, ensemble comprenant un monument classé et un bien non classé. Cela est possible dans le cas par exemple de la cession d'un château classé avec ses dépendances, type grange ou maison de gardien, non classées. L'exonération ne s'appliquera qu'à concurrence de la fraction de la valeur vénale totale de la transmission correspondant aux biens figurant dans la convention signée avec l'Etat. Ventiler la valeur des biens dans l'acte de transmission semble être ici un acte opportun.

D. Les effets du non respect de la convention.

Deux causes sont créatrices de déchéance de l'exonération, il s'agit du non respect de la convention, ou du transfert à titre onéreux de tout ou partie du bien.

En cas de non respect des engagements pris aux termes de la convention le régime fiscal de faveur qui a été instauré se voit remis en cause intégralement. Le défaut d'entretien du bien constitue un manquement caractéristique à la convention.

En cas de cession à titre onéreux de tout ou partie du bien, le régime de faveur est aussi remis en cause. Le transfert à titre onéreux est une des interdictions imposée par la convention, et de ce fait il s'agit d'un manquement à celle-ci.

Les contreparties imposées en échange de l'exonération des droits de mutation à titre gratuit sont lourdés pour les bénéficiaires. Titre mutation à titre onéreux est interdite. Même s'il y a un énorme avantage à bénéficier de cette exonération sur le plan fiscal le prix à payer est conséquent, puisque conserver le bien et l'entretenir "de force" peut coûter très cher. Si les mutations à titre onéreux sont prohibées, celles à titre gratuit ne le sont pas, ce qui dans un cadre familial peut être un point positif, permettant ainsi de transmettre un bien de famille à un coût avantageux.

La transmission à titre gratuit d'un monument historique est donc possible sans que cela affecte le régime de faveur, mais pour cela il convient de respecter des conditions qui ne sont pas identiques selon que la mutation ait lieu pour cause de mort ou entre vifs.

Lorsque le transfert du monument historique intervient entre vifs et que celui-ci a bénéficié de l'exonération de droits de mutation il n'y aura pas de remise en cause du régime de faveur si le nouveau donataire adhère à la convention souscrite par son auteur. Dans ce cas, le nouveau donataire pourra bénéficier du régime de faveur à son tour. Dans le cas contraire, ne il choisi de ne pas y adhérer, le régime de faveur précédemment octroyé sera remis en cause. Il en va de même si le nouveau donataire ne respectait pas les engagements pris.

En cas de mutation à titre gratuit pour cause de mort, l'exonération dont l'héritier à bénéficié, le donataire, ou le légataire n'est pas remise en cause à la suite son propre décès. L'absence de déchéance du régime de faveur n'est pas conditionnée par l'adhésion par ses ayants droit à la convention. L'obligation de respecter cette convention est liée à la vie de son signataire.

La pluralité d'adhérent à la convention peut être problématique, comme l'explique Richard-Emmanuel Guibert dans son ouvrage "monuments historiques, régime juridique, fiscalité, et subventions": " si la convention a été signée par plusieurs bénéficiaires, le décès de l'un d'eux est de nature à remettre en cause l'exonération accordée aux survivants, si cette même convention ne peut pas être respectée soit par l'adhésion des ayants droit du prémourant, soit par le rachat des droits de ce dernier. Cette disposition risque de rendre délicate l'issue d'indivisions inorganisées ou même organisées car la mise en société ne saurait résoudre le problème. Les ayants droit du prémourant ayant bénéficié pour leur auteur de l'exonération à titre définitif peuvent renoncer à en bénéficier pour eux-mêmes dans le but soit d'en conserver la jouissance soit de réaliser le bien. Les autres indivisaires vont se trouver ainsi menacés d'une remise en cause de leur propre exonération sans pouvoir s'y opposer, soit que les héritiers du prémourant ne souhaitent pas vendre soit que les survivants n'aient pas les liquidités suffisantes pour les désintéresser."

E. les conséquences de la déchéance de la convention.

C'est par une décision conjointe des ministres de la culture et des finances, d'après un rapport du directeur des affaires culturelles et du directeur régional des impôts que la convention sera résiliée. Cette résiliation fixera la date à compter de laquelle la convention n'aura plus d'effet.

Les effets de cela sont simples. Les droits de mutation à titre gratuits dont la mutation initiale du monument historique a été exonérée deviennent exigibles, avec une majoration d'un intérêt de retard de 0,40% par mois de retard, comme le prévoit l'article 1727 du code général des impôts. Cet intérêt est perçu comme répartition civile destinée à compenser le préjudice financier subit par l'administration fiscale du fait du recouvrement tardif de sa créance, et non comme une sanction. Cet intérêt court à partir du premier jour du mois suivant celui au cours duquel l'impôt aurait du être acquitté auprès du fisc.

L'assiette des droits sera constituée par la valeur du bien transmis à la date de la réalisation de la convention ou par la valeur déclarée lors de la donation ou du décès si cette valeur est supérieure. Les droits seront liquidés en appliquant les taux en vigueur au jour de la transmission concernée.

Conclusion

Pierre Lequiller, qui avait été à l'origine d'une proposition de loi sur la protection du patrimoine en 2001 expliquait que "la France possède l'un des patrimoines les plus riches du monde. Notre patrimoine, c'est la mémoire de notre histoire et le symbole de notre identité nationale. C'est aussi l'image du rayonnement de la France à l'étranger". Un tel patrimoine se doit d'être protégé et sa mutation d'être encadrée.

Mais les conséquences d'un classement au titre des monuments historiques ou seulement d'une inscription, sont assez lourdes, à la fois pour le bien, mais aussi pour les propriétaires. De ce fait, lors de la mutation d'un bien protégé, les vendeurs se doivent d'informer les acquéreurs des conséquences du classement sur le bien, qu'il s'agisse de conséquences avantageuses comme contraignantes.

Pour beaucoup un monument historique est une source d'avantages fiscaux. Certes, la fiscalité aménagée autour des monuments historiques est séduisante mais il ne faut pas oublier que l'ensemble des avantages consentis ne sont que des contreparties d'engagements pris par les propriétaires, concernant l'entretien du monument ou son ouverture au public. Le classement ou l'inscription d'un bien au titre des monuments historiques permet d'alléger, dans un certain sens, les coûts d'entretien et de transmission du monument, mais aucune disposition n'existe concernant l'ISF. On pourrait d'ailleurs s'interroger sur l'intérêt pour le législateur d'adopter une loi relative à l'ISF et aux monuments historiques. Les œuvres d'art sont exclues de son barème, alors pourquoi les biens historiques de notre patrimoine ne pourraient-ils pas l'être au même titre? La conservation du monument dans le patrimoine familial peut être très lourde financièrement, notamment lorsque le monument historique n'est pas la résidence principale, ce qui est source de mutation. D'autant plus que de nombreux monuments historiques sont encore des biens hérités, et les actuels propriétaires n'ont plus forcément la fortune nécessaire pour les entretenir. Mais ce propos est ténu puisque dans une démarche purement mercantile cela permet aussi d'avoir ces biens sur le marché...

La seule recherche de défiscalisation par les acquéreurs n'apparait pas être une opération "rentable", malgré le nombre croissant de cabinets de gestion de patrimoine vantant les gains envisageables grâce à l'acquisition d'un monument historique. Et d'un point de vue "éthique" cela apparaît aussi discutable, puisque les mesures de protections sont avant tout mises en œuvre pour sauvegarder le patrimoine français, pour remettre en état ces biens et continuer à les faire vivre.

Au début de mon travail sur la mutation des monuments historiques, la France n'étant pas le seul pays au monde à jouir d'un patrimoine exceptionnel, je souhaitais terminer par une étude comparative entre la France, l'Italie et l'Angleterre. Cette idée était assez ambitieuse, mais faire le parallèle entre les législations sur les monuments historiques de plusieurs pays européens disposant d'un grand patrimoine historique me paraissait intéressant. L'Idée sous-tendue était d'essayer de savoir quels seraient les intérêts pour des ressortissants britanniques ou italiens d'acheter un monument historique en France et inversement pour un français d'acquérir un tel bien dans ces deux pays. Les sources répondant à ces interrogations ne sont pas évidentes à trouver et les agents immobiliers spécialisés, outre le fait d'être rares, sont assez discrets. Je n'évoquerai que le cas de l'Angleterre ici.

La « National Trust » joue un rôle très important au Royaume-Uni pour les monuments historiques. Cette puissante organisation assure la conservation du patrimoine historique et national et sa protection, elle veille également à la préservation des espaces verts rattachés aux monuments historiques.

Le système de transaction britannique est totalement différent de celui que l'on connait en France, les garanties offertes aux parties du contrat de cession sont plus légères qu'en France. Cependant on peut noter que les frais de mutations à titre onéreux sont moins élevés qu'en France, ce qui séduit certains acheteurs. Le point sur lequel les professionnels, s'adressant à une clientèle étrangère, sont plus discrets est que les frais d'entretien et fiscaux rattachés à l'immeuble sont très lourds. Dernier point qui pourrait convaincre un français d'acquérir un monument historique en Angleterre c'est la fiscalité du pays. Certes il ne s'agit pas du système fiscal le plus avantageux, mais l'attrait du pays et le fait qu'il ne soit pas très éloigné de la France sont des atouts majeurs.

Synthèse

L'intérêt pour la sauvegarde du patrimoine est une préoccupation récente. Notre patrimoine culturel est le témoin de l'histoire et se manifeste par des monuments ou des sites exceptionnels. Si l'on peut dire que la protection du patrimoine est récente, c'est qu'auparavant il était d'usage de vendre les biens qui avaient perdu leur utilité, ou simplement de les démolir pour récupérer le terrain ou les matériaux. L'idée de protéger les monuments marquant de l'histoire ou ayant un intérêt particulier remonte à la Révolution Française, lorsque les confiscations révolutionnaires ont eu lieu, puis celles du clergé, des émigrés et celles du domaine et des résidences royales. Grâce aux Lumières des institutions ont commencées à être crées pour déterminer les monuments dignes d'être protégés afin qu'ils soient transmis aux générations futures. Les premières mesures de protection étaient accordées avec parci-monie, touchant moins de mille monuments, aujourd'hui la stabilité des institutions permet à plus de 40.000 monuments d'en bénéficier. L'importance de ce patrimoine n'est plus à prouver de nos jours, malgré une évolution lente des mentalités et de la législation.

Les monuments historiques ne sont pas des biens comme les autres au regard de leur spécificité. En effet, ils ont un intérêt supplémentaire aux autres biens, par leur architecture, leur histoire ou par la technique qui a été utilisée pour les bâtir. Cet aspect de leur nature conduit la législation à s'adapter afin que leur sauvegarde soit assurée et soit "optimale". Si les différentes lois adoptées depuis celle du 30 mars 1887, ont essayé de mettre en œuvre des dispositifs cohérents pour assurer la pérennité de ces biens, il n'en reste pas moins qu'aujourd'hui la plupart de ces lois sont à tendance fiscale. Cet as-pect peut parfois détourner l'esprit des acquéreurs qui n'envisagent pas les monuments historiques comme des biens d'une grande importance pour notre histoire, mais qui du fait de ces lois fiscales les voient plutôt comme des produits d'optimisations financière.

Il a été accordé à l'Etat le monopole en ce qui concerne la protection de notre patrimoine national. C'est lui qui est garant de sa sauvegarde. L'Etat à de surcroît une grande responsabilité puisqu'il est le plus grand propriétaire foncier de France. L'ensemble des ses propriétés a été acquis au fil de l'histo-ire et de ses événements, mais aujourd'hui encore il investit dans des monuments historiques, afin de pouvoir mettre en œuvre les mesures nécessaires pour les protéger, les restaurer et les sauvegarder. Cela peut paraître paradoxal avec la politique immobilière que l'Etat doit conduire et qui impose un rythme de cession important. Il s'agit de la modernisation de la politique immobilière de l'Etat, qui trop endetté ne peut plus se permettre de conserver des biens dont l'usage n'est plus adapté aux besoins.

Concernant les mutations à titre onéreux des monuments historiques privés, si les règles sont sensiblement les mêmes que pour les transactions portant sur des biens classiques, certaines obligations supplémentaires viennent s'ajouter.
Ainsi les vendeurs doivent s'astreindre à une obligation d'information pour leurs acquéreurs. Outre les obligations imposées par le code civil, les vendeurs doivent informer les acquéreurs de ce qu'implique le classement de l'immeuble. S'agissant d'une servitude, les futurs propriétaires seront tenus de respecter certains engagements, relatifs notamment à l'ouverture de leur demeure au public, ou encore ils doivent être informés qu'en cas de travaux à réaliser ils ne seront pas libres de faire ce qu'ils veulent. Les travaux sur les monuments historiques sont encadrés, des autorisations spéciales sont à demandée et l'architecte des bâtiments de France, bien que plus obligatoire dans tous les cas, à un droit de regard. Le rôle de la DRAC dans ces cas là est très important.

Lorsque la mutation a lieu à titre gratuit, les avantages ne sont pas négligeables, puisque les droits de mutation sont exonérés. Cela se fait en respectant certaines obligations, comme par exemple l'engagement de conserver le bien durant une période de 15 ans.

Pour terminer, lors d'une mutation de monument historique le préfet de région du lieu de situation de l'immeuble doit être informé dans les 15 jours de la cession du transfert de propriété. Cette notification doit faire mentionner les nom et prénom des nouveaux propriétaires, leur domicile et la date de la cession.

Remerciements

Je tiens à adresser mes remerciements aux personnes qui m'ont aidé à réaliser ce mémoire:

Monsieur Michel Fancelli tout d'abord, qui a accepté d'être mon professeur correcteur et qui a pris de son temps pour m'épauler.

Messieurs Éric Mension-Rigau et Hugues de Beauvais, qui ont eu la gentillesse de me recevoir, de répondre à mes questions et de m'orienter sur certaines pistes.

Madame Laurence Fraissignes, qui a aussi pris sur son temps pour me répondre et m'envoyer réguliè-rement des informations.

Et enfin, madame Christine Dobrohodov, notre responsable de master, qui a été présente à nos côtés cette année et qui a su nous encourager avec patience.

Sources

Sources issues d'ouvrages :

*Éric Mension-Rigau, *La vie des châteaux*, Perrin

*Monique Pinçon-Charlot et Michel Pinçon, *Les ghettos du Gotha*, et *Voyage en haute bourgeoisie*, Seuil

*Jean-Pierre Bady, *Les monuments historiques en France*, PUF, collection Que sais-je?

*René Dinkel, *L'encyclopédie du patrimoine (monuments historiques, patrimoine bâti et naturel-protection, restauration, réglementation-doctrines-techniques-pratiques)*, les encyclopédies du patrimoine.

*Richard-Emmanuel Guibert, *Monuments historiques-régime juridique, fiscalité et subventions*, éditions du Puits Fleuri

*Pierre Lavedan, *Pour connaître les monuments de France*, Arthaud

*Francis Monamy, *La réforme du droit des monuments historiques*, VMF n°216 février 2007

*Stéphanie Fournet-Fayard, *Notariat et monuments historiques*, Defrenois

*Michel Prieur et Dominique Audrerie, *Les monuments historiques, un nouvel enjeu?*, actes du colloque international de Limoges des 29 et 30 octobre 2003, collection droit du patrimoine culturel et naturel, L'Harmattan.

Sources issues de textes législatifs :

* code du patrimoine

* code civil

* code général des impôts

Sources issues d'internet :

* site de la Demeure Historique (http://www.demeure-historique.org/association/)

* site des DRAC de Picardie et d'île de France (http://www.culture.gouv.fr/picardie/) et (http://www.ile-de-france.culture.gouv.fr/)

* site "Le Portail de l'économie et des Finances (http://www.economie.gouv.fr/cessions)

* site de la National Trust (http://www.nationaltrust.org.uk/)

* site de la Cour des Comptes (http://www.ccomptes.fr/)

* site du Sénat et de l'Assemblée Nationale (http://www.senat.fr/) et (http://www.assemblee-natio-nale.fr/)

* site du Ministère de la Culture et de la Communication (http://www.culturecommunication.gouv.fr/)

* site "Merimée Culture" (http://www.merimee.culture.fr/)

Sources issues d'entretiens :

* entretien avec Éric Mension-Rigau, professeur d'histoire contemporaine à Paris IV la Sorbonne, historien, biographe et sociologue.

* entretien avec Laurence Fraissignes, délégué adjointe de la "Fondation du Patrimoine" et de l'association "Vieilles Maisons Françaises" de l'Indre, agent immobilier au sien de Terres&Demeures des France.

* entretien avec Hugues de Beauvais, délégué départemental de la Demeure Historique de l'Indre.

Annexes

Questionnaire posé à Éric Mension-Rigau

1. De façon générale comment avez-vous perçu les propriétaires de Monuments Historiques?
2. Pour eux, le fait de posséder un tel bien implique quoi?
3. Comment envisagent-ils leur gestion? Quel est l'impact de la fiscalité et des lois?
4. Qu'est-ce qui pousse ces propriétaires à sauvegarder leur bien? Comment s'y prennent-ils?
5. Qui sont les nouveaux acquéreurs? Quel est leur but?
6. Quels sont les facteurs principaux poussant à céder son monument historique?
7. Comment certains propriétaires font-ils pour aménager une activité dans leur monument? (Chambres d'hôtes, visités, boutiques...). Est-ce une obligation pour certains de créer une telle activité ou un "plaisir"?

Questionnaire posé à Laurence Fraissignes et Hugues de Beauvais:

1. Quels sont les acquéreurs de monuments historiques?
2. Quelles sont leurs motivations, fiscales ou passion de la pierre?
3. Les lois sur les monuments historiques sont-elles assez favorables aux propriétaires ou pas assez? Favorisent-elles la mutation de ces biens?
4. Le quotidien dans un monument historique favorise-t-il la mutation? Les obligations liées à ces monuments peuvent elles pousser à s'en séparer?
5. Quels sont les intérêts à posséder un monument historique?

6. Comment se passe les mutations de monuments historiques à l'étranger?

7. De façon générale comment appréhendez-vous la mutation des monuments historiques? Qu'est-ce qui change d'avec un bien ordinaire?

8. Pourquoi ces biens sont-ils en vente? À quelle fréquence?

9. Quelles sont les formalités lors de la mise en vente d'un monument historique?

www.ingramcontent.com/pod-product-compliance
Lightning Source LLC
Chambersburg PA
CBHW021607210326
41599CB00010B/636